Nik Douglas und Penny Slinger

Liebe & Erotik

In den Malereien Indiens und Nepals

SPHINX

Aus dem Amerikanischen von Jürgen Saupe

CIP-Titelaufnahme der Deutschen Bibliothek

Douglas, Nik:
Liebe & [und] Erotik in den Malereien Indiens und Nepals /
Nik Douglas u. Penny Slinger.
Aus d. Amerikan. von Jürgen Saupe. – Basel : Sphinx, 1989
Einheitssacht.: The erotic sentiment ⟨dt.⟩
ISBN 3-85914-637-8
NE: Slinger, Penny:

Originaltitel: The Erotic Sentiment
Erschienen bei Park Street Press, Rochester, Vermont, USA
Eine Gesellschaft der Inner Traditions International
Satz: Jung Satz Centrum, Lahnau
Printed in Italy
ISBN 3-85914-637-8
Bestellnummer 15 00637

Inhalt

Abbildungsverzeichnis

Das erotische Empfinden in der hinduistischen Kultur und Malerei

Das erotische Empfinden entsteht in Verbindung mit der Gunst der Jahreszeiten, mit Hilfe von Blumengirlanden und Schmuck, in der Freude am Zusammensein mit Geliebten, durch Musik, Poesie und Lustwandeln im Garten.
Bharata

Das erotische Empfinden ist ein wesentlicher Bestandteil der indischen Kultur. Es färbt religiöse Zeremonien, rituelle Handlungen, fromme Gesänge, klassische Dichtung, Musik, Tanz, Plastik, Malerei und die meisten anderen schönen Künste des alten Indien. In der vedischen Zeit (etwa 1200–800 v. Chr.) beschworen heilige Hymnen das erotische Empfinden, um die mystische Ekstase, die Einheit mit dem Göttlichen, auszudrücken.

Kein Wunder, daß eine Gesellschaft, die der Sexualität den Rang einer Kunstform zugestand, das erotische Empfinden sorgfältig erforschte und verfeinerte. Vor allem die indische Kunst stand immer stark unter dem Einfluß der Erotik. Das vielsagende Lächeln der Kurtisane, die beziehungsreiche Symbolsprache der Dichter, die subtilen Töne der Musiker, die anmutigen Bewegungen der Tänzer, die schwellenden Formen der Bildhauer, die prächtigen Farben und die verzaubernde Symbolwelt der Maler waren sorgsam durchdachte Mittel, die dem erotischen Empfinden Ausdruck verliehen. Ein eingehendes Studium der indischen Kunst ist nur möglich, wenn die Bedeutung und Rolle der Erotik in der traditionellen indischen Kultur völlig erfaßt sind.

Erotische Motive und Darstellungen finden sich schon auf archäologischen Gegenständen, die aus der großen Induskultur stammen. Sie sind auf Tonformen, Steinsiegeln und Keramik zu sehen, schmücken Statuetten aus Ton oder Stein und erscheinen sogar in einigen Höhlenmalereien, die in der Zeit zwischen 1500 und 800 v. Chr. entstanden sind. Der Zusammenhang von Liebesvereinigung und Fruchtbarkeit wurde zweifellos schon in alten Zeiten gesehen, und so bildeten sich Kulte heraus, die den Geschlechtsakt zum religiösen Dienst erhoben. Die erotische Kunst der Frühzeit ist zum größten Teil mit Fruchtbarkeitskulten verknüpft, wobei die Verehrung der Muttergöttin das beliebteste Thema ist. Bei den Ausgrabungen in Mohenjo Daro und Harappa im Industal wurden abstrakte wie realistische Darstellungen der Geschlechtsorgane gefunden, dazu Figuren, die in Yogahaltungen oft neben Stieren oder Hörnersymbolen sitzen, Göttinnen von unterschiedlichem Typus, aus deren Geschlechtsorganen Pflanzen sprießen, und schöne Bronzestatuetten von tanzenden jungen Frauen in sinnlichen Stellungen.

In vielen vedischen Texten wird auf die rituelle Liebesvereinigung, auf die symbolische Vereinigung oder ‹Paarung› von zeremoniellem Gerät hingewiesen. Wir finden dort im religiösen Kontext obszöne Dialoge und hören von magischen Kräften oder ‹Göttergeschenken›, die durch sexuelle Vereinigungen erlangt werden. Der Glaube war weit verbreitet, die Zeugungskräfte der Natur würden dadurch stimuliert und gelenkt, daß genau festgelegte sexuelle Praktiken befolgt werden, die als höchst wirkungsvoll und glückbringend galten. Fruchtbarkeitsfeste waren im alten Indien Zeiten der Ausgelassenheit und sexuellen Zügellosigkeit. Da gab es rituelle Liebesvereinigungen, Tänze und wilde Orgien, wurden obszöne Geschichten vorgetragen und erotische Themen possenhaft dargestellt, und Kurtisanen hielten Treffen ab.

Diese Fruchtbarkeitsfeiern galten als notwendig und äußerst glückverheißend.

Terrakottafiguren von Paaren in sexueller Vereinigung waren von 200 v. Chr. bis 300 n. Chr. in Nordindien nicht selten. Eine Vielzahl von ihnen ist uns erhalten geblieben. In dieser Epoche wurden auch erotische Steinskulpturen geschaffen, die Paare in verschiedenen Phasen der sexuellen Vereinigung zeigen. Sie wurden *Maithuna* oder Liebesvereinigung genannt und schmückten die Tempel. Ihnen wurde eine günstige Wirkung zugeschrieben. Darstellungen sich liebender Paare wurden von den Indern faktisch immer als glückbringend angesehen. Einige der Malereien etwa, die mannigfaltige Liebesszenen in verwickelter Pferdegestalt abbilden, sind schlicht als Talisman verwendet worden.

Viele Bauten der buddhistischen Frühzeit waren mit *Maithunas* und Skulpturen leicht bekleideter himmlischer Nymphen geschmückt. Erotische Motive wurden später noch viel häufiger verwendet, und man überzog ganze Tempelfassaden mit fein gearbeiteten, sinnlichen Szenen, die oft Liebende in einer Vielfalt erotischer Stellungen zeigten.

Der tantrische Einfluß, der sich zwischen dem achten und zwölften Jahrhundert unserer Zeitrechnung voll entfaltete, veranlaßte die hinduistische wie buddhistische Kultur, sich bewußter und systematischer mit den erotischen Themen zu befassen. Die tantrische Überlieferung der Hindus wie der Buddhisten betonte vor allem die Wechselbeziehung von Mikrokosmos und Makrokosmos, der inneren und äußeren Wirklichkeiten, und entwickelte die umfassende Technik eines Yoga der Sexualität, die Liebesstellungen, Atemkontrolle, Wiederholung von Kraftsilben oder Silbenfolgen *(Mantra)* und Visualisierungen umfaßt. Diese zweckbestimmten, praktischen oder rituellen Handlungen folgten insgesamt einem System und waren die Grundlage des tantrischen Wegs. Sie wurden als ein ‹Zusammenweben› der objektiven und subjektiven Aspekte der individuellen Wirklichkeit gesehen, als Mittel, den unaufhörlichen Kreislauf der Wiedergeburt zu überwinden. Die tantrische Tradition erkundete und entwickelte präzise Techniken, um die sexuelle Energie zu kanalisieren und in die Glückseligkeit der Befreiung zu verwandeln. Dieses Ideal führte zur Entstehung entsprechender Kunstformen. Die großen Tempelkomplexe von Khajuraho und Konarak waren anschauliche Lobpreisungen des erotischen Empfindens, und viele der Kompositionen haben mystische Bedeutungen, die von der tantrischen Philosophie her interpretiert werden können. Im Verlauf der Entwicklung der erotischen Malerei und Skulptur, die mystische Paarungen die Zeit überdauern ließen, welche mit magischer Kraft ‹aufgeladen› waren, wurden alle Formen der Sexualität dargestellt.

Der Hinduismus kennt vier grundlegende Ziele des Lebens, die *religiöse und gesellschaftliche Pflicht (Dharma),* das *Erwerben von Besitz (Artha),* das *Streben nach Sinnenlust (Kama)* und die *Erlangung der spirituellen Freiheit (Moksha).* Das Sanskritwort *Kama,* oft mit Liebe übersetzt, meint den Genuß der fünf gewöhnlichen Sinne – Gesicht, Geruch, Geschmack, Tastsinn und Gehör, dazu als ‹sechsten› Sinn das Geistige. Die Vervollkommnung in der Liebeskunst erfordert eine ausgewogene Verbindung dieser sechs Sinne. Keine andere Kunst verlangt so viel, gewährt aber auch eine solche Erfüllung.

Die gesamte indische Kultur soll göttlichen Ursprungs sein, und die indische Liebeskunst ist davon nicht ausgenommen. So war es Brahma der Schöpfer, der als erster die Liebesliteratur ordnete, worauf der wahrhaft männliche Nandi, der Stier Shivas (des transzendenten, höchsten Yogi), sie in einer Form zusammenfaßte, die den Weisen angemessen war, die sie wiederum für die Menschen vereinfachten. Das Empfinden des Erotischen oder der ‹Liebe› wurde schon bald für das erste und wichtigste der neun von der Klassik anerkannten Empfindungen gehalten. Die anderen acht sind das Heitere und Komische, das Heroische und Kühne, das Entzückte und Verwunderte, das Friedliche, das Mitfühlende, das Zornige, das Angeekelte und das Erschreckte, Furchtsame. Von den neun

Empfindungen fühlen galten die ersten fünf als beseeligend, die anderen vier als schmerzhaft. Der Überlieferung nach wird jedes Empfinden von einer Gottheit regiert und steht für eine bestimmte Farbe und einen musikalischen Ton. Das erotische Empfinden wird mit dem Gott Vishnu, dem Erhalter, und der dunkelblauen oder schwarzen Farbe in Verbindung gebracht.

Das *Kama Sutra,* eine Abhandlung über Sexualität und Liebe, wurde im späten zweiten Jahrhundert n. Chr. von dem großen Weisen Vatsyayana verfaßt. Damals hatten die Kurtisanen eine wichtige und geachtete Stellung in einer Gesellschaft inne, die im Reichtum schwelgte. Es gab Städte, die für ihre Baudenkmäler und Gärten und vor allem auch für ihre Kurtisanen, die häufig eine hervorragende Ausbildung als Sängerinnen und Tänzerinnen genossen hatten, berühmt waren. Manchmal wurden sie die ‹Meisterinnen der Vierundsechzig Künste› genannt, wobei die Liebeskunst an der Spitze aller anderen stand.

Kurtisanen gehörten zum Gefolge der Könige, wohnten in den Palästen der Fürsten und bevölkerten die Lusthäuser, die von den Wohlhabenden unterhalten wurden. Die Kurtisanen waren große Förderinnen der Künste. Es hieß sogar, die Kurtisanen seien die wahren Herrinnen der Gesellschaft, die Moden und Neuerungen schufen und ihre Gönner anleiteten, weil sie sich in so besonderem Maß auf die Kunst der Liebe verstanden. Gelegentlich wurden Kurtisanen hohen Gästen oder heimkehrenden Helden zum Geschenk gemacht. Wir können davon ausgehen, daß die Kurtisanen als Verkörperung der Erotik angesehen und als solche wie Göttinnen verehrt wurden.

Kunstgalerien *(Chitrashala)* und Theater gehörten zu den kulturellen Einrichtungen, die von Kurtisanen und ihren Gönnern unterstützt wurden. Wir wissen, daß in vielen Galerien und Theatern des alten Indien Kunstwerke mit erotischem Inhalt ausgestellt waren, darunter wahrscheinlich auch Porträts berühmter Kurtisanen, die sie mit ihren gefeierten Gönnern in verschiedenen intimen Stellungen vereinigt zeigten. Wir wissen außerdem, daß es nicht verpönt war, Kurtisanen zu besuchen. Es war sogar üblich, daß Ehegatten und ihre Frauen in Begleitung begehrter Kurtisanen in der Öffentlichkeit erschienen. So können wir annehmen, daß Darstellungen erotischer Szenen gern gesehen waren. Im *Natyashastra,* einem klassischen indischen Text über die Tanzkunst, der im zweiten Jahrhundert n. Chr. entstand, werden Theatersäle beschrieben, die mit «erotischen Bildern geschmückt und mit Skulpturen sehnsuchtsvoller Schönheiten verziert sind».

Schauspiele wurden im alten Indien als Versammlung oder ‹Collage› von Gefühlen entworfen. Verschiedene Kombinationen von Gefühlshaltungen schaffen wie der Maler, der auf seiner Palette die Farben mischt, unterschiedliche Töne und Stimmungen, die jeweils eine andere Wirkung haben. Der ästhetische Genuß der schönen Künste wurde in seiner höchsten Form mit der Erlangung des mystischen Zustands der Glückseligkeit verglichen, der mit der Erfahrung der Einheit gleichzusetzen war, die während der vollkommenen sexuellen Vereinigung erreicht wurde. Der große indische Philosoph Abhinavagupta definierte den höchsten ästhetischen Genuß so: «Ein Empfinden der Ausweitung, eine Neigung zu erhabenen Manifestationen, die Erfahrung der Wahrheitsessenz, das Entzücken, der innersten Erfahrung Form und Ausdruck zu verleihen, der innersten Erfahrung des Wesens der reinen Freude und Glückseligkeit.»

Für die indische Kunstauffassung ist die Vorstellung des *Rasa* bedeutsam, der Begriff der ‹Geschmacksessenz›, die gelegentlich als die Spiegelung oder der Reflex des Empfindens definiert wird. Der Begriff wird im Zusammenhang mit dem Geschmack der Speise, des Schauspiels, der Dichtung, der Musik, der meisten bildenden Künste und der Arznei verwendet. Der Weise Bharata, der die Tanz- und Schauspielkunst in ein System brachte, erklärte, das Wort *Rasa* bezeichne «das, was geschmeckt werden kann». Es wird auch verwendet, um den Gehalt eines Kunstwerks oder einer Aufführung zu beschreiben. Von süßem Geschmack wird gesprochen, wenn es um ein Kunstwerk des erotischen Empfindens geht.

Die Verknüpfung der Empfindungen ist in der indischen Kultur einer genauen Prüfung unterzogen worden. In einem anderen klassischen Werk über die Tanzkunst, das Dhananjaya im zehnten Jahrhundert verfaßte, heißt es: «Ein Empfinden, entweder das heroische oder das erotische, soll zur grundlegenden Empfindung gemacht werden. Alle anderen Empfindungen sollten sich ihm unterordnen.»

Bharata erläutert die Verknüpfungen in seinem Text des zweiten Jahrhunderts: «Das heitere, komische Empfinden entsteht aus dem erotischen, verliebten, das mitfühlende aus dem zornigen, das verwundert-entzückte aus dem heroisch-kühnen, das erschreckt-furchtsame aus dem angeekelten.»

Im indischen Mittelalter zogen viele Künstler des Erotischen die wechselnden Stimmungen der Frauen als Inspirationsquelle für ihre Themen heran. Der indische Dichter Bhanudatta ordnete im fünfzehnten Jahrhundert diese Stimmungen in seinem erotischen Meisterwerk *Rasamanjari* und personifizierte sie als Heldinnen *(Nayikas)*, die schon bald darauf zu äußerst beliebten Figuren der Maler wurden.

Eine besondere Form der indischen Miniaturmalerei, die *Ragamala* (Perlenkette musikalischer Modi) heißt, entstand zwischen dem sechzehnten und achtzehnten Jahrhundert. Diese Malereien wurden von der Thematik der *Nayika* beeinflußt und versuchten, Modi oder Tonarten der Musik visuell darzustellen. Diese Modi waren wie reiche indische Familien geordnet, wobei jeder der sechsunddreißig *Ragas* fünf oder sechs Frauen oder Geliebte *(Raginis)*, mehrere Söhne *(Ragaputras)* und Töchter *(Ragaputris)* hatte. Die meisten Malereien dieser Art spielen auf subtile Weise auf Erotisches an, stellen die Liebesekstase, den Schmerz der Trennung oder andere stark gefühlsbetonte Themen der Liebe dar. Die Helden und Heldinnen der Liebe glichen Schauspielern in einem Stück, denen Bühnenbild, Hintergrund und Requisiten den passenden Rahmen lieferten. Alles wurde sorgsam in den Farben aufeinander abgestimmt, die mit der gewünschten Empfindung in Einklang standen. Erotische Miniaturen, die Liebesstellungen abbildeten, waren häufig direkt von *Ragamala*-Bildern beeinflußt, die ihrerseits wieder unter dem Einfluß von Epos und romantischer Dichtung, von Schauspiel, Tanz oder musikalischer Komposition standen.

Es kann gar nicht oft genug betont werden, wie eng die Beziehungen zwischen den schönen Künsten der Musik, des Schauspiels, der Malerei und der Liebeskunst selbst waren. Die überlieferte Zeichensprache, die im *Kama Sutra* und anderen erotischen Schriften skizziert ist, setzte die genaue Auswahl von Blumen und Früchten und ihre Zurschaustellung, das Berühren oder Entblößen gewisser Körperteile, die Auswahl und Farbe bestimmter Kleidung, Blumengirlanden, Gewürze und Speisen sowie das unterschiedliche Anbieten von Betelnüssen und anderen Erfrischungen dazu ein, Botschaften zu übermitteln, die gewöhnlich erotischer Natur waren. Ein Berühren der Brust weist zum Beispiel auf festverwurzelte Liebe hin, ein Berühren der Haare bedeutet Leidenschaft, ein roter Blütenkranz oder ein rotes Kleidungsstück den Wunsch nach sofortiger Liebesvereinigung, während gelbe Kleidung Trennung oder Zurückweisung signalisiert. Farbe, Gesichtsausdruck, Körperhaltung, Handstellung, Auswahl von Kleidung und Schmuck, Hinweise auf Jahres- und Tageszeit, ins Bildliche übersetzte Wortspiele und höchst anzügliche symbolische Gegenstände gehören allesamt zu den Bestandteilen der Komposition der klassischen erotischen Malerei Indiens.

In der indischen Kultur spielten erotische Malereien im Leben wohlhabender Menschen oft eine wichtige Rolle. Eine Sammlung guter erotischer Bilder konnte dazu verwendet werden, Unwissende in die Liebeskünste einzuweihen, einem neuen Liebesverhältnis den Weg zu bahnen, auf subtile Verfeinerungen des sexuellen Verhaltens hinzuweisen, Liebhaber zu einem vertieften ästhetischen Verständnis des vertrauten Umgangs zu führen, die Phantasie anzuregen oder einfach zur Unterhaltung. In einem Text aus dem zwölften Jahrhundert, dem *Naisadhacharita* des Sri Harsha findet sich folgende Beschreibung eines Königspalastes, der mit erotischer Kunst geschmückt ist: «Im inneren Gemach befanden sich Bilder von Rati und Kama, Göttin und Gott der Liebe, die vereint waren. An den Wänden hingen Malereien mit Liebesszenen, fanden sich erotische Skulpturen, die Themen aus dem Mythos darstellten.»

Solche Gemächer wurden sorgsam eingerichtet, um das erotische Empfinden auf ästhetisch angenehme und höchst verfeinerte Weise anzuregen.

Bebilderte erotische Leitfäden oder ‹Liebesbücher› wurden Braut und Bräutigam anläßlich der traditionellen indischen Zeremonie der Eheschließung zum Geschenk gemacht. Erotische Gedichte oder Zitate aus der klassischen erotischen Literatur wurden häufig in die Bilder oder in einem Buch auf die gegenüberliegende Seite geschrieben. Das *Ananga Ranga,* ein indischer Text über die Liebeskunst, im fünfzehnten Jahrhundert von Kalyanamalla verfaßt, beschreibt, wie erotische Bilder eingesetzt werden können, um die Umgebung für eine Liebesverabredung schöner zu gestalten, und erwähnt eigens Bücher mit Illustrationen von Liebesstellungen: «Schmücke die prächtigen Wände des Liebesgemachs mit Bildern und anderen Gegenständen, auf denen das Auge voller Entzücken ruhen mag. Halte einige Musikinstrumente und Erfrischungen bereit, Rosenwasser, Parfüms, Fächer und Bücher mit Liebesliedern und Illustrationen von Liebesstellungen.»

Erotische Miniaturmalereien aus Indien und Nepal

Erotische Bilder wurden in der traditionellen indischen Liebeskunst schon lange verwendet, um das Auge zu erfreuen, die Sinne anzuregen und wichtige kulturelle Informationen zu vermitteln. Liebesstellungen sind das Hauptthema, wobei die Personen, der Gesichtsausdruck, die Farbzusammenstellungen und symbolischen Inhalte Bedeutung tragen und genau interpretiert werden können. Insgesamt sollen die schönen Malereien den menschlichen Geist erheben und durch die Kraft der Erotik in Einklang mit der Natur bringen.

Die folgenden Farbreproduktionen von indischen Malereien, die in der Zeit vom frühen achtzehnten bis zum Beginn des zwanzigsten Jahrhunderts geschaffen wurden, lassen die Unterschiede der einzelnen regionalen Stile gut erkennen. Die dreiundfünfzig Malereien aus Indien, mit natürlichen Mineralpigmenten auf Papier ausgeführt, sind wahre Miniaturen, die am besten aus der Nähe betrachtet werden. Darunter befinden sich fein gearbeitete Miniaturen vom Dekkan (Mittelindien), aus Bengalen, Lucknow und Rajasthan, wie auch eine erlesene Serie datierter Bilder aus Jodhpur und einige ungewöhnliche Beispiele im East India Company-Stil, der sich während des neunzehnten Jahrhunderts herausbildete, als indische Künstler europäische Techniken übernahmen. Einige dieser Malereien wurden an Europäer verkauft.

Die dreizehn Bilder aus Nepal, um 1830 in Katmandu entstanden, gehören in den Umkreis der hinduistischen Kultur, die früh nach Nepal eindrang und ihren Einfluß auch in den Epochen behauptete, als die nepalesischen Könige den buddhistischen Glauben annahmen. Die Stellungen und mystischen Gesten wie auch andere Einzelheiten lassen auf eine intensive Beschäftigung mit dem tantrischen Ritual schließen. Sie sind in einem Stil dargestellt, der auf die berühmte Schule von Sirohi zurückgeht, die in Rajasthan blühte. Diese Gemälde sind viel größer als die üblichen Miniaturen.

Sie sind mit Mineralfarben auf Karton gemalt und gehören zu den besten Beispielen einer umfangreichen Serie, die verschiedene orientalische Herrscher in sexueller Vereinigung mit Favoritinnen zeigt. Die Vorstellung, daß Herrscher, die Völker regieren, die Geschicke der Länder durch ihre Meisterschaft in den Liebestechniken günstig beeinflussen könnten, gehört zu den Kerngedanken nichtchristlicher Kulturen, und diese Porträts wurden zweifellos im Glauben an ihre glückbringenden Eigenschaften gemalt.

Im Lauf der Jahrhunderte entwickelten die indischen Künstler Techniken, die ihnen zu dauerhaften Farben, gutem handgemachten Papier und ausgezeichneten Pinseln verhalfen. Dunkelblau wurde aus fein gemahlenem Lapislazuli, Rot aus Zinnober, Eisenoxid oder Ockerpigmenten, Gelb aus Arsensulfid und grüne Töne aus Malachit oder Kupfersalzen hergestellt. Papiere fertigte man aus Baumwollfasern, Hanf, Bast und Bambus, und ihre Oberfläche wurde fein poliert. Pinsel wurden aus Eichhörnchenschweifen gemacht. Echtes Blattsilber und Blattgold dienten zur Verzierung.

Alle hier abgebildeten Malereien wurden bei den vorbereitenden Recherchen für *Das Große Buch des Tantra. Sexuelle Geheimnisse und die Alchimie der Ekstase* (Basel, Sphinx 1985) zusammengetragen. Es sollten damals zunächst genaue orientalische Darstellungen ausfindig gemacht werden, die die zahlreichen Liebesstellungen illustrieren, wie sie *Kama Sutra, Ananga Ranga* und tantrische oder taoistische Texte beschreiben. Es gelang, viele gute Beispiele zu finden, die als Vorlagen zu Umrißzeichnungen für *Das Große Buch des Tantra* dienten, und dabei kam ein Schatz von Malereien zutage, die so schön waren, daß eine Veröffentlichung nahe lag. Eine Auswahl dieser Originalbilder wurde in Farbe herausgegeben (*The Pillow Book: The Erotic Sentiment and the Paintings of India, Nepal, China & Japan;* New York, Destiny Books 1981). Das vorliegende Buch enthält zusätzliche Malereien aus Indien und Nepal.

Viele Bilder sind Darstellungen von Paaren in Liebesstellungen, wie wir sie in den klassischen Texten beschrieben finden. Bei manchen handelt es sich um komplizierte und schwierige tantrische Stellungen, mit deren Hilfe die sexuelle Energie gelenkt oder kanalisiert werden soll; andere wiederum zeigen Situationen mit mehreren Partnern oder phantasiereiche Gruppierungen von Paaren, die eine Gestalt ergeben. Tantrische Liebesstellungen, Handgesten des Yoga, symbolische Farbzusammenstellungen und rituelle Gegenstände sind auch heute noch auf indischen erotischen Bildern zu sehen. Besonders häufig begegnen sie uns auf Exemplaren, die für fürstliche Auftraggeber geschaffen wurden. Diese Malereien konnten je nach der Vertrautheit der Betrachter mit dem esoterischen Inhalt auf verschiedenen Ebenen gedeutet werden.

Bei den meisten Miniaturen aus Indien und Nepal wird eigentlich keine Raumperspektive angestrebt. In den meisten Fällen gilt das Hauptaugenmerk dem Paar, das vor einem Hintergrund dargestellt wird, der die Empfindung, die Jahres- oder Tageszeit verdeutlicht. Auf den Bildern erscheinen unterschiedliche Requisiten, die gewöhnlich eine symbolische Bedeutung tragen.

Besondere Beachtung fand die Behandlung der Augen, die ein wenig vergrößert gemalt wurden. Als Zeichen für das erotische Empfinden sind die Gesichter oft heiter oder lieblich gemalt. Die meisten Bilder vermitteln durch die feine Ausgewogenheit der Farbtöne und die Meisterschaft in der Formgebung eine Atmosphäre der Nähe und Vertrautheit. Diese Gruppe von Malereien zeigt auf eindrückliche Weise, wie die Liebe als Kunstform gefeiert wurde.

Viele Bilder haben etwas Juwelartiges. Manche wirken ihrer Stimmung nach ernst, andere verspielt. Die exotischen Zusammenstellungen von lebhaften Farben und feinen Pastelltönen fördern ein Empfinden der Sinnlichkeit, das von den Hauptfiguren und ihrem Tun noch verstärkt wird. Es handelt sich hier nicht um pornographische Kunst, sondern um die Feier der Sinne in all ihrer Pracht. Die Bilder wurden gemalt, um genossen zu werden, als ein die Zeiten überdauernder Ausdruck der Liebe selbst. Wir treffen hier auf eine alte Kunstform, die die schöpferische Erotik und die Inbrunst der Ekstase wahrhaft feiert.

Nik Douglas

Liebe und Erotik in den Bildern

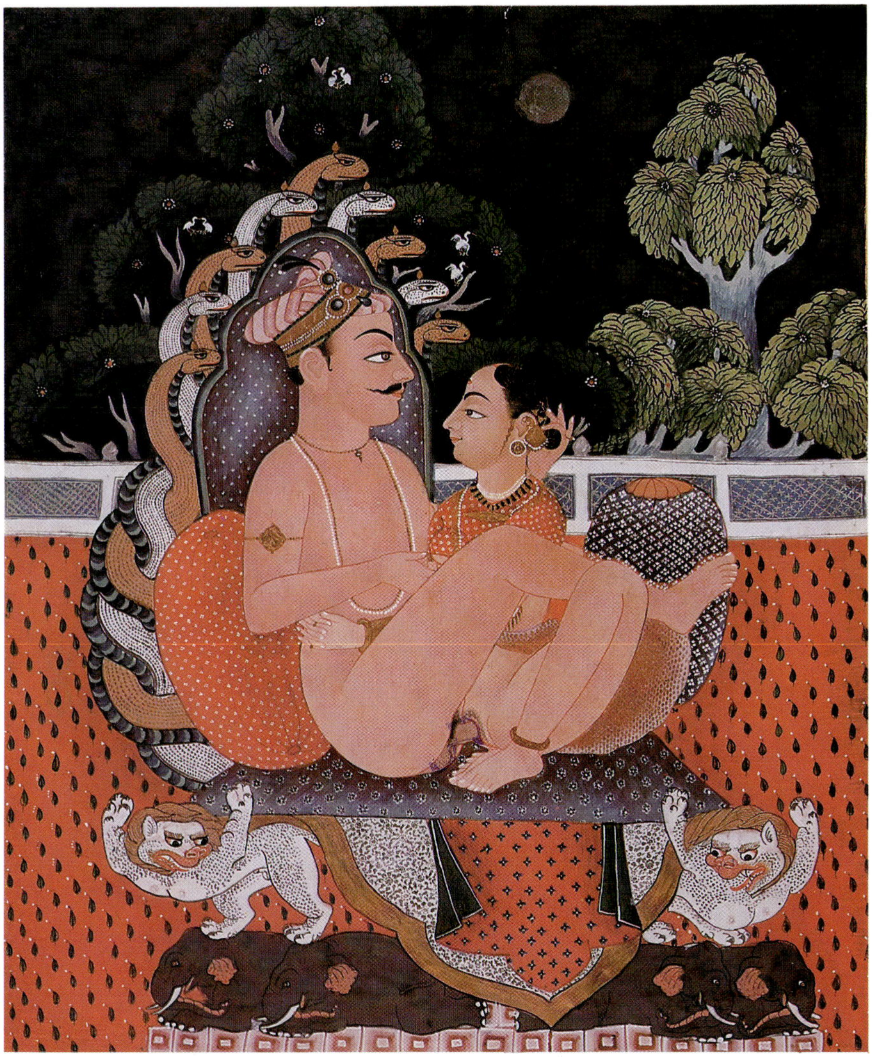

Auf dieser seltenen, schönen Malerei ist ein nepalesischer König in der Rolle Vishnus dargestellt, der im Hinduismus der Erhalter ist und Regent des Erotischen. Seine Gemahlin ist als Lakshmi abgebildet, Göttin des Reichtums und Glücks. Das königliche Paar sitzt vereint auf einem hohen Thron, den Schneelöwen und Elefanten tragen und den ein Baldachin aus Schlangen schirmt. Im dunklen Nachthimmel dahinter schwebt ein fahler Vollmond, der den Garten bescheint. Auf dem Bild findet sich die Inschrift *Siddhi Narayan* – ‹Die magische Kraft Vishnus›.

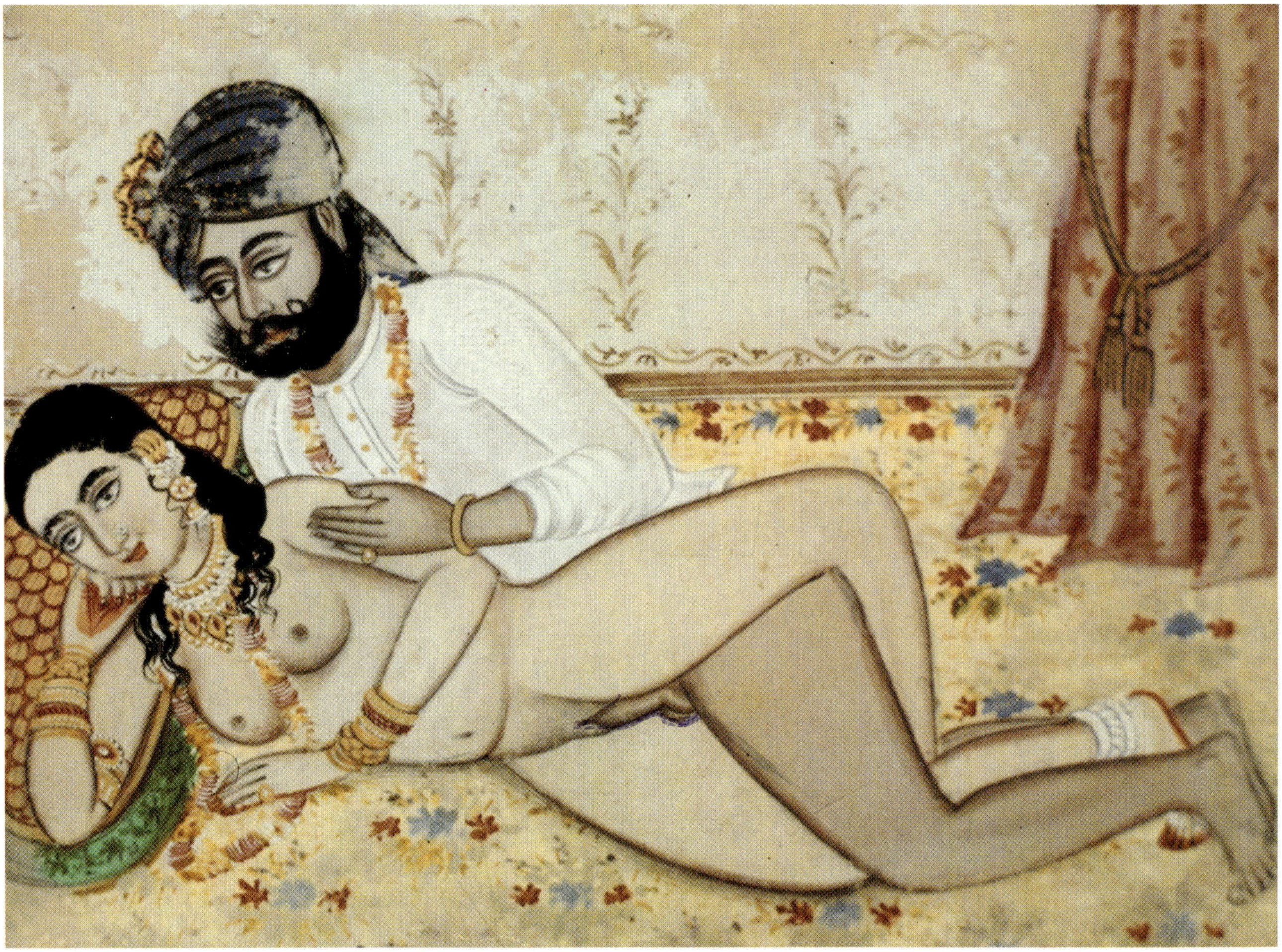

Ein bärtiger Mann mit Turban liebt eine liegende, nackte Dame. Beide tragen Juwelen und Blumengirlanden, vielleicht ein Hinweis, daß sie frisch vermählt sind. Die Stellung eignet sich sehr gut für eine Verlängerung der Ekstase. Die roten Blumen auf dem Teppich unter ihnen und der rote drapierte und festgebundene Vorhang spielen auf Leidenschaft an, die Erfüllung findet.

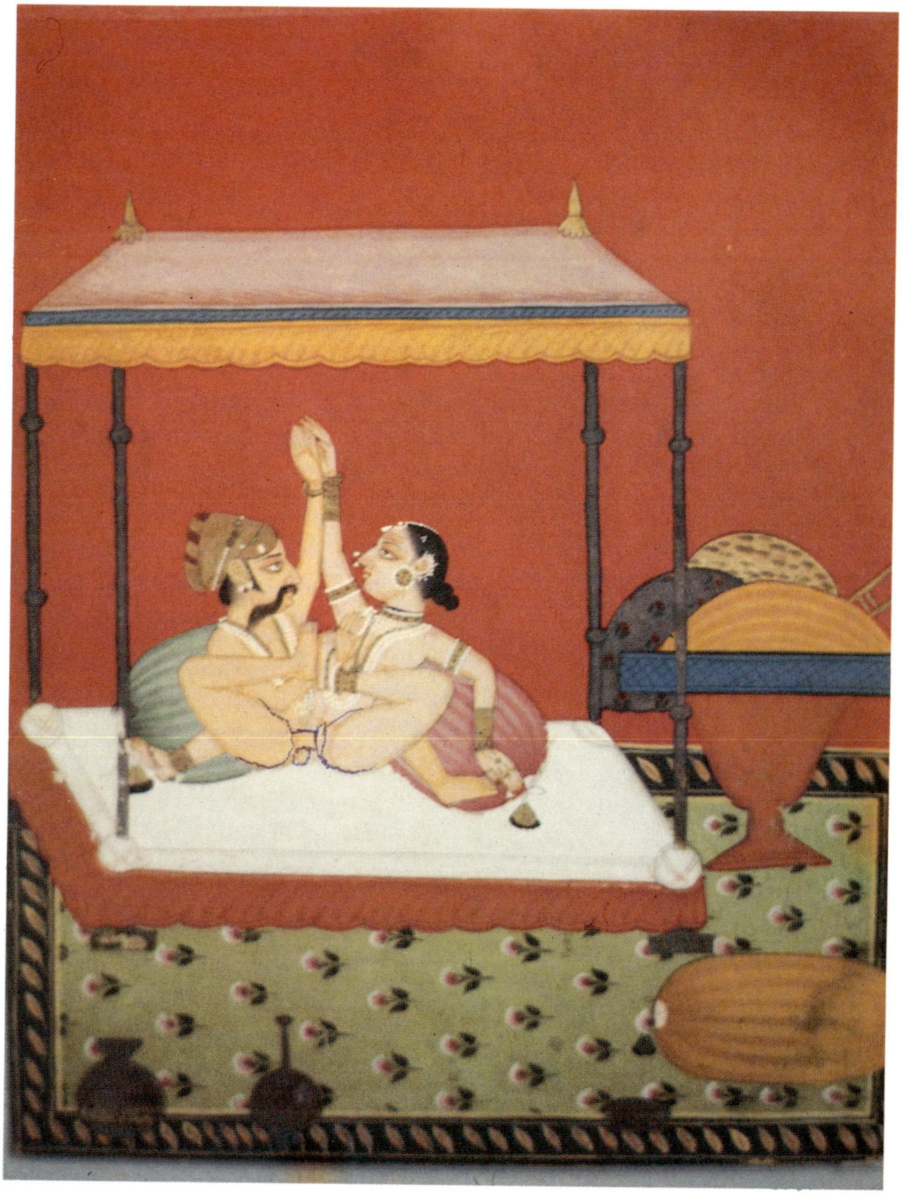

Ein königliches Paar sitzt in einem kunstvollen Himmelbett vor einem leuchtend roten Hintergrund, der Leidenschaft andeutet. Die beiden haben eine tantrische Stellung eingenommen, mit deren Hilfe sich die sexuelle Energie nach oben leiten läßt, wodurch der Geist belebt und erbaut wird. Der prachtvolle Schauplatz und die intensive Bewegtheit der Komposition schaffen eine Atmosphäre mystischer Sinnlichkeit.

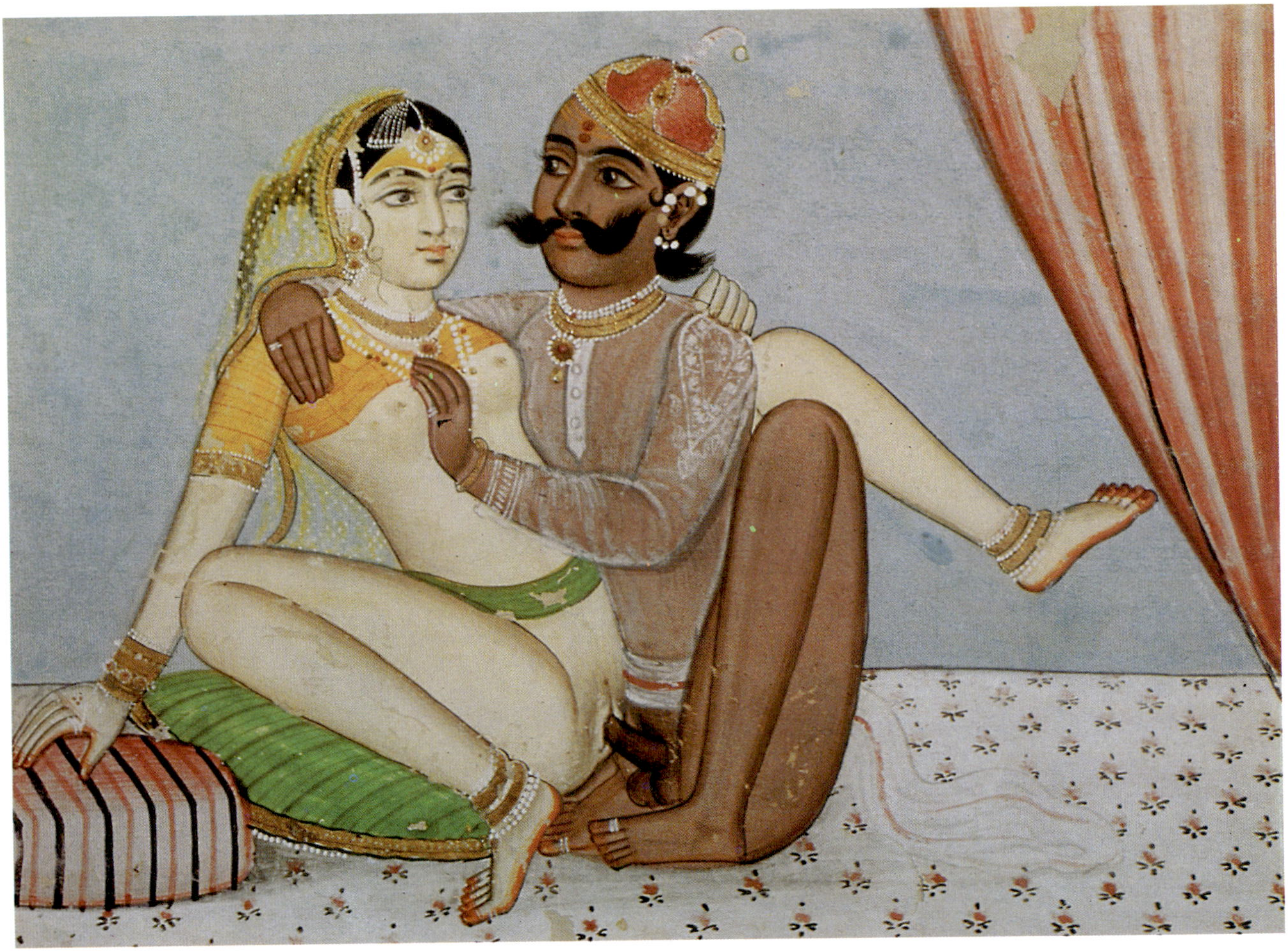

Hier ist ein dunkelhäutiger Inder dargestellt, der sich im Innern eines Hauses mit einer hellen Inderin vereint, deren Hände und Füße mit Henna gefärbt sind. Sie nehmen die *Gleiche Gipfel Stellung* aus dem *Mond-Elixier-Tantra* ein, die lang andauernde Schaukelbewegungen zuläßt, die zur Ekstase führen.

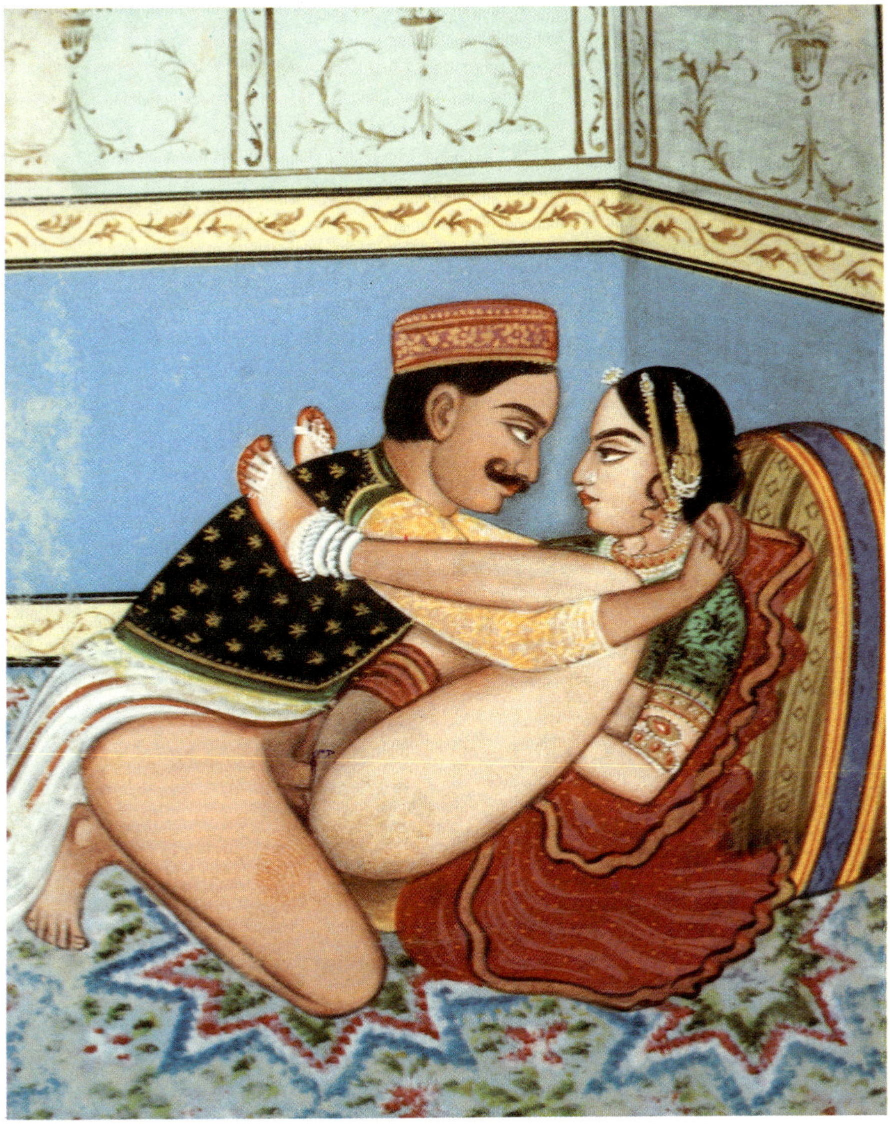

Ein schnurrbärtiger Mann mit flacher Mütze und reich geschmückter Weste liegt auf den Knien und beugt sich kraftvoll vor, während er eine Frau liebt, die sich auf einen Teppich und Kissen gebettet hat. Vielleicht ist hier die Vereinigung eines Kaufmanns und einer Kurtisane dargestellt. Sie lieben sich in der *Bogen Stellung,* wie sie im *Kama Sutra* beschrieben ist. Die ausufernden Sternmuster auf dem Teppich sollen die Intensität der Leidenschaft nachdrücklich veranschaulichen.

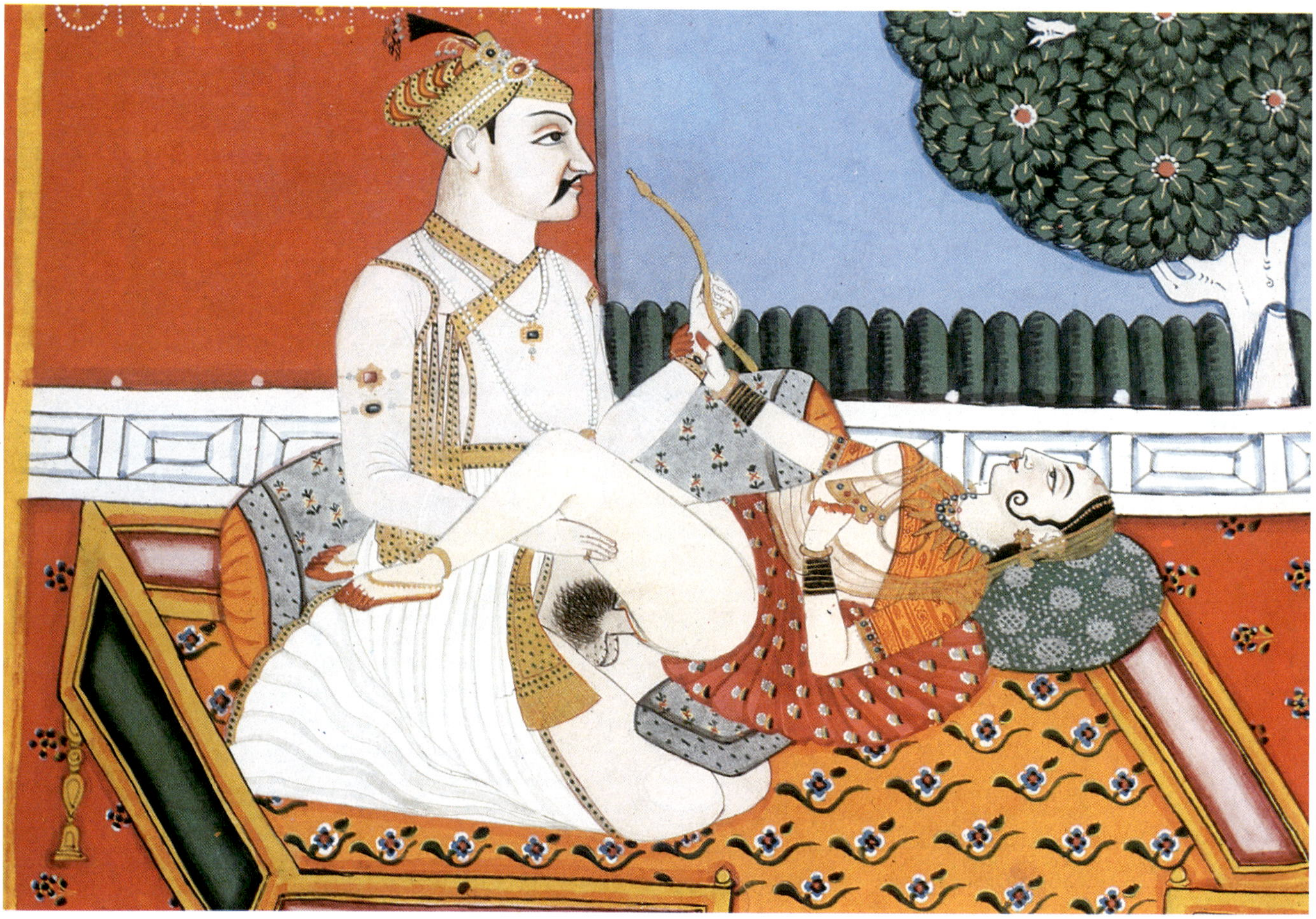

Der Ausschnitt aus einem nepalesischen Bild zeigt Maharaja Rajdullah Bahadur. Er kniet auf einem Thronsitz, vereinigt sich mit einer Lieblingskonkubine und raucht die Wasserpfeife. Sie lieben sich in der *Weit offenen Stellung* des *Kama Sutra*. Die Komplementärfarben Rot und Grün wie auch Blau und Orange stehen in lebendigem Kontrast zu den weißen Gewändern und der hellen Haut des Paares.

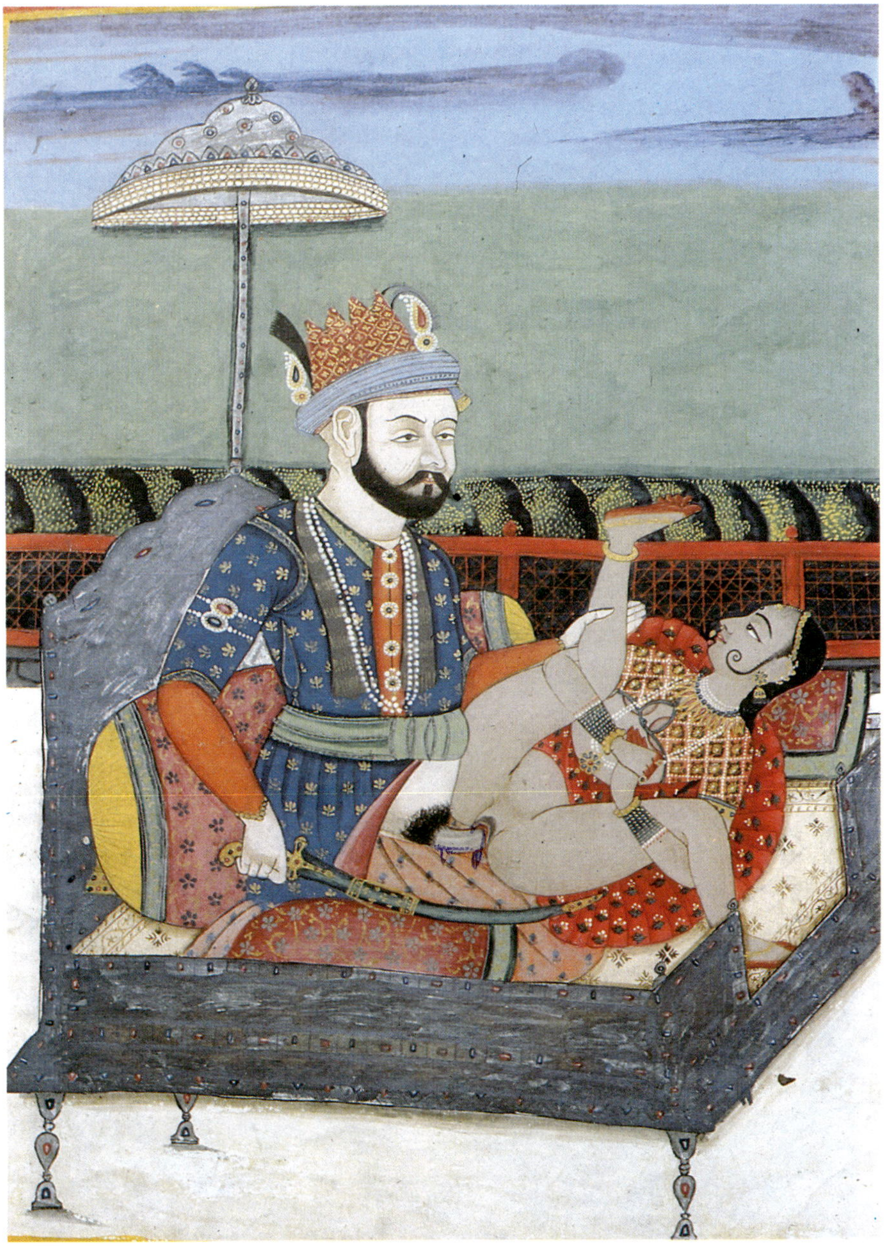

Das nepalesische Bild stellt Nadir Shah dar, den großen persischen Herrscher, der Delhi plünderte und den Pfauenthron raubte. Er sitzt vereint mit einer schönen Frau, deren Hände und Füße mit Henna rot gefärbt sind. Möglich, daß er ‹Delhi erobert› (das seine indische Partnerin versinnbildlicht), da er auf dem Pfauenthron sitzt und in der rechten Hand ein Schwert hält. Die Frau scheint eine Meisterin des Yoga der Sexualität zu sein, da sie die Beine mit den Armen umfaßt, damit die sexuelle Energie nutzbar gemacht wird und nicht nach außen fließt.

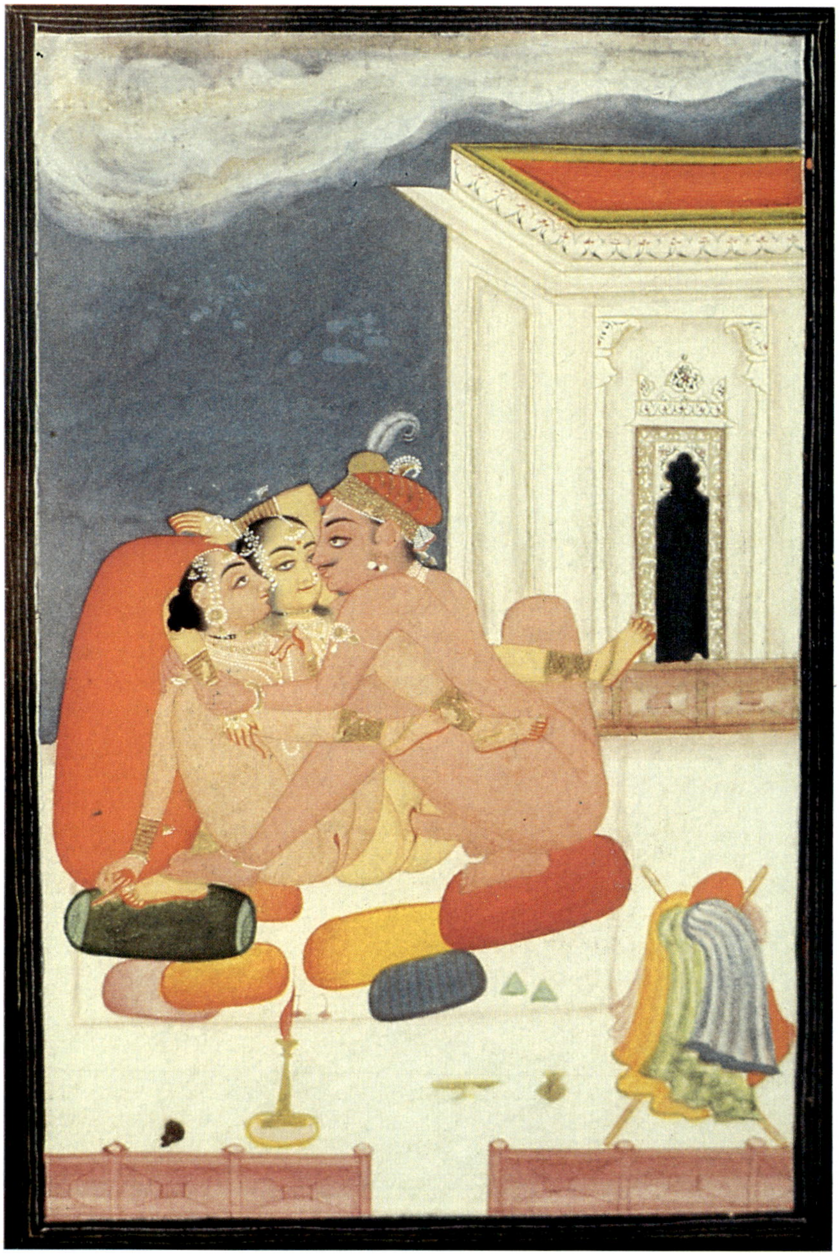

Ein Maharaja vereinigt sich mit zwei Gefährtinnen auf der Terrasse eines Palastes. Die Körper der beiden Frauen ruhen nebeneinander auf bunten Kissen, und der *Lingam* ihres Liebhabers dringt abwechselnd in die beiden *Yonis* ein. Sie führen die *Vereinigte Stellung* aus, die das *Kama Sutra* beschreibt. Auf einer Seite brennt majestätisch eine Lampe mit einer roten Flamme, in der sich die spirituelle Natur dieser Vereinigung ausdrückt, die frei von Eifersucht ist.

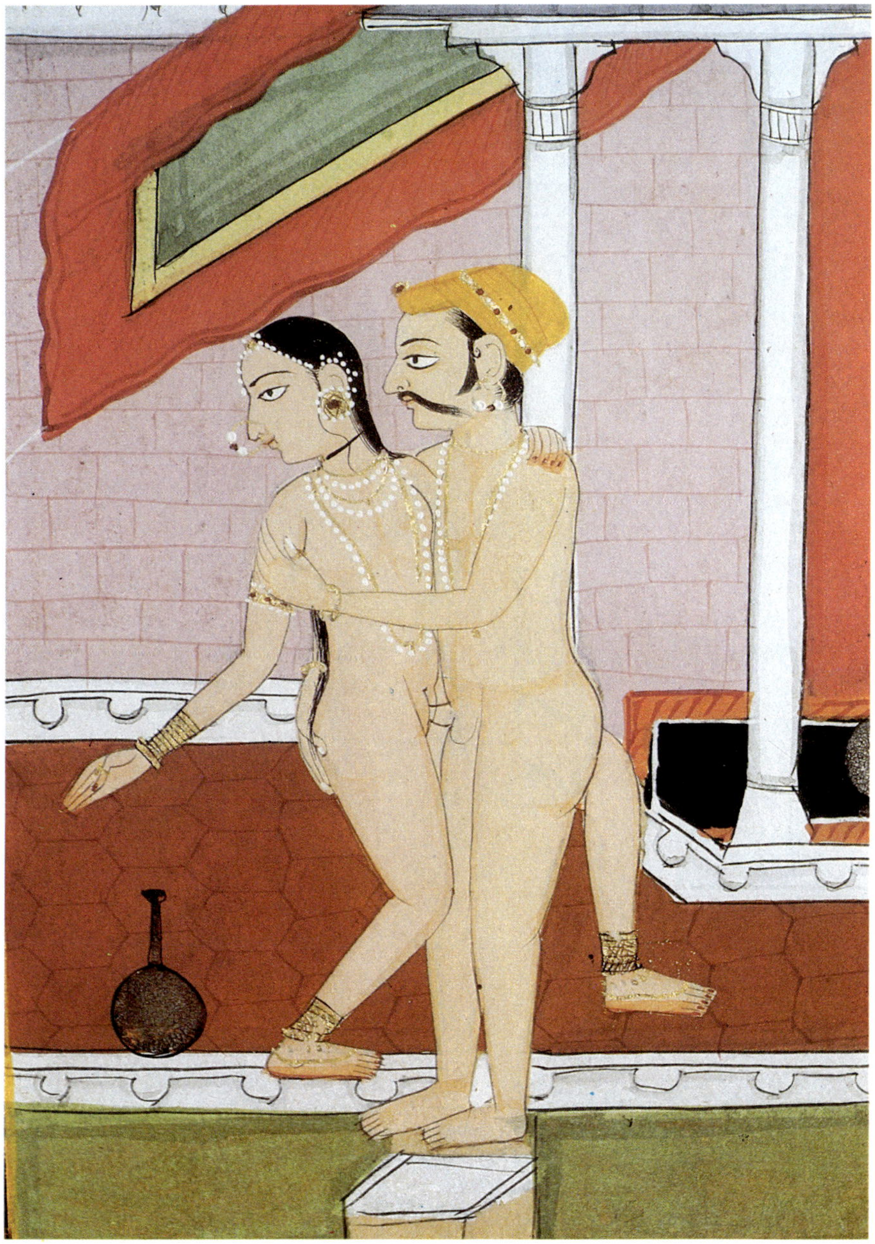

Auf diesem Ausschnitt einer Miniaturmalerei vereinigt sich ein adliges Paar im Stehen, in der Stellung, die *Drei Schritte Vishnus* genannt wird.

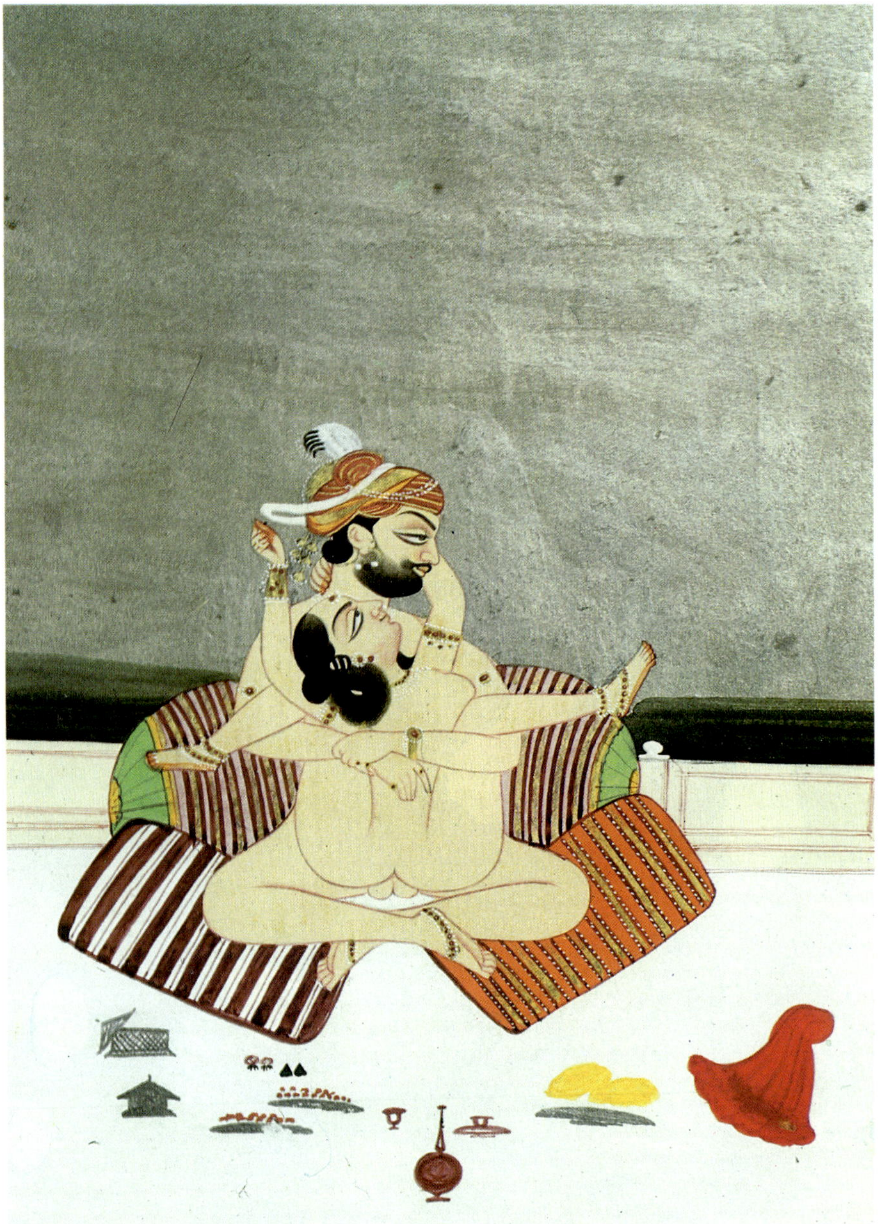

Dieser Ausschnitt einer vorzüglichen Miniaturmalerei zeigt einen Maharaja, der im Sitzen mit seiner schönen Gefährtin vereinigt ist. Sie lieben sich in einer Variation der *Rundherum Stellung*, die im *Ananga Ranga* beschrieben ist. Der Mann stützt sich mit Kissen ab, und seine Partnerin umschlingt seinen Hals und blickt ihn voll Inbrunst an. Im Vordergrund befinden sich rituelle Gegenstände und Erfrischungen.

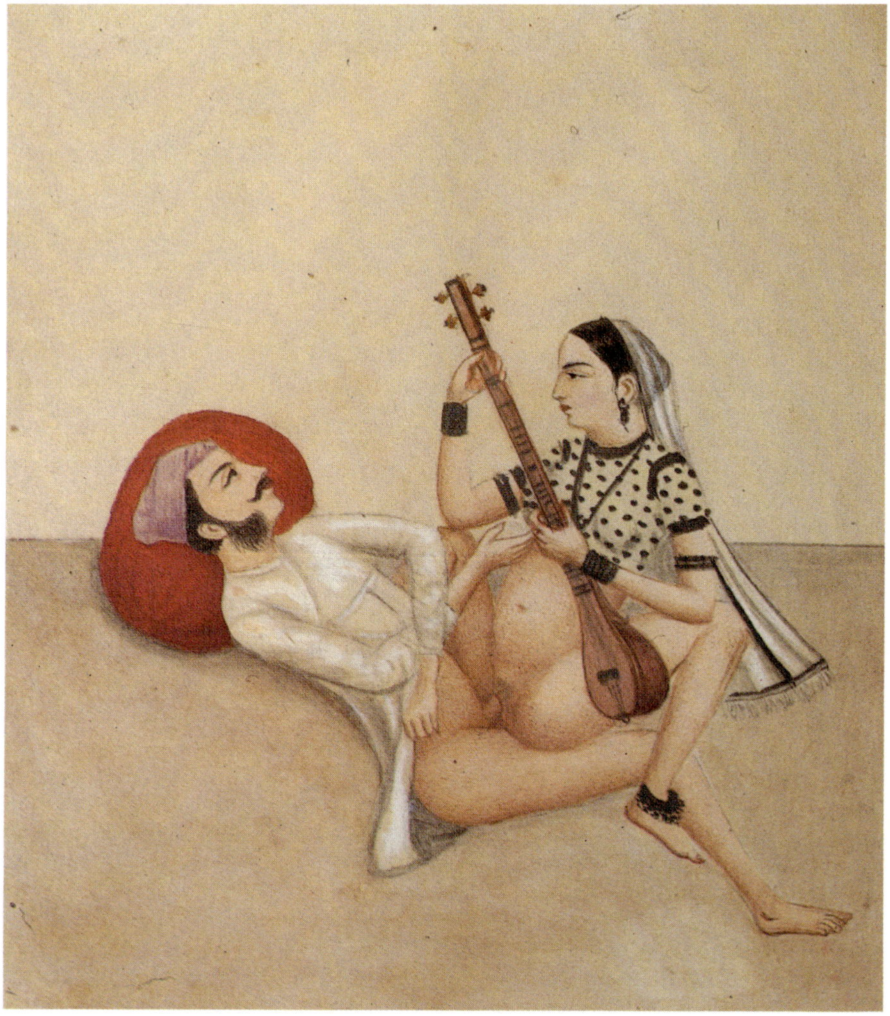

Auf diesem Aquarell, das zu einer ungewöhnlichen Reihe von Miniaturen im europäischen Stil der East India Company-Schule gehört, ist eine Kurtisane oder Musikerin dargestellt, die auf dem liegenden Mann sitzt, mit dem sie sich vereint hat, und der vermutlich ein Händler ist. Sie führt die Variation einer Stellung aus, die im *Ananga Ranga* als *Biene summt über dem Mann* beschrieben ist, und spielt dabei für ihren Besucher auf einem Saiteninstrument. Normalerweise werden Inder im indischen Stil und nicht wie hier im europäischen dargestellt.

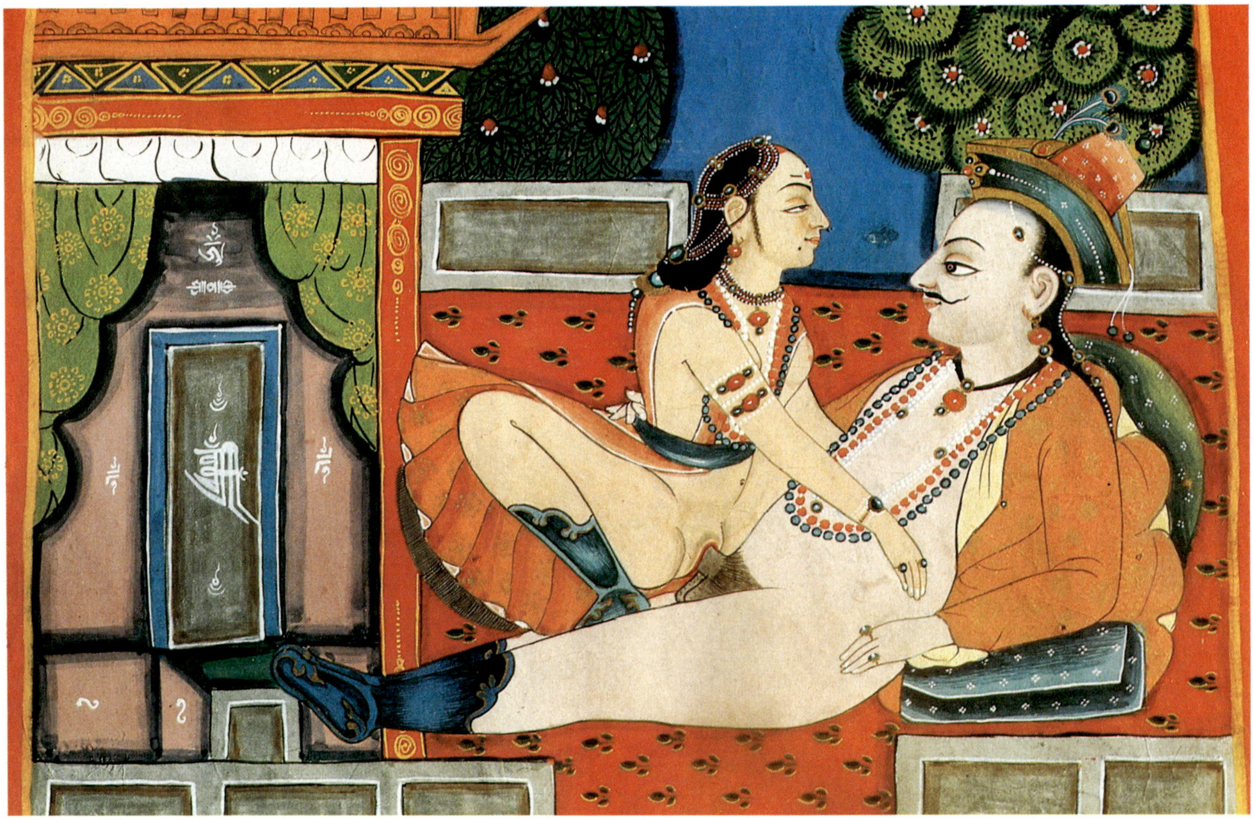

Das ungewöhnliche Bild aus Nepal stellt einen großen mongolischen Herrscher dar, der auf einer Tempelterrasse ruht, während ihn seine schöne Gefährtin in der tantrischen Stellung liebt, die *Biene summt über dem Mann* heißt. Beide tragen mongolische Filzstiefel und prächtigen Schmuck, und der Mann liegt auf feinen Kissen. Der Tempeleingang ist auf der linken Seite mit dem heiligen Schriftzug der ‹Sieben Glückbringenden› verziert, der sich aus den Keimsilben der Energiezentren und Elemente zusammensetzt, darüber ein Diamantszepter und die heilige Silbe OM in tibetischer Schrift.

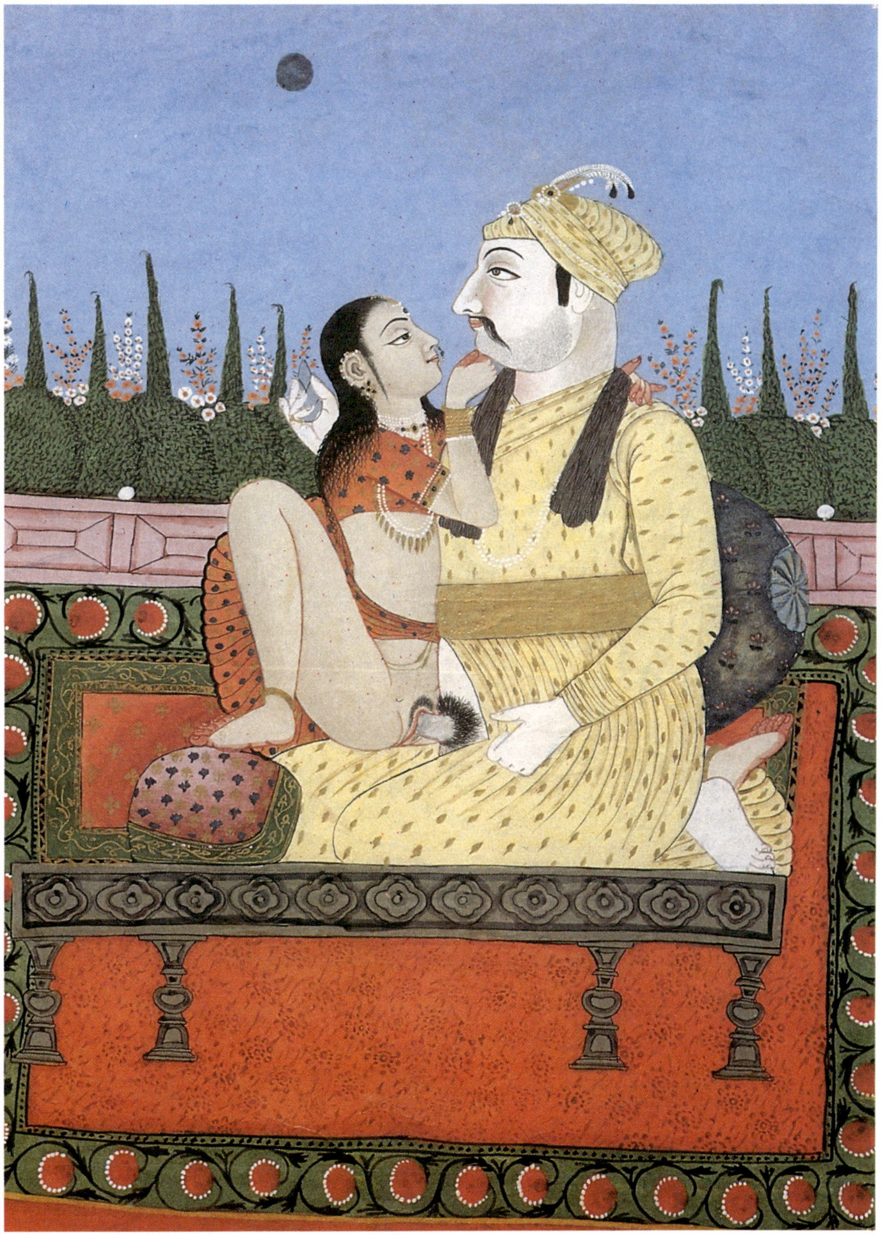

Die einfühlsame Malerei aus Nepal zeigt den persischen Herrscher Muhammad Shah in der Liebesvereinigung auf einem Thronsitz, der sich auf der Dachterrasse eines Palastes befindet. Eine Schöne thront zierlich auf seinem kräftigen Schenkel und streichelt lächelnd und verspielt mit der rechten, hennagefärbten Hand sein Kinn. Ungeachtet der Wohlbeleibtheit des Shahs hat die Szene einen Liebreiz, der von der bezaubernden Farbgebung, dem Blumengarten im Hintergrund und der kindlichen Sinnlichkeit der entzückenden Gefährtin verstärkt wird.

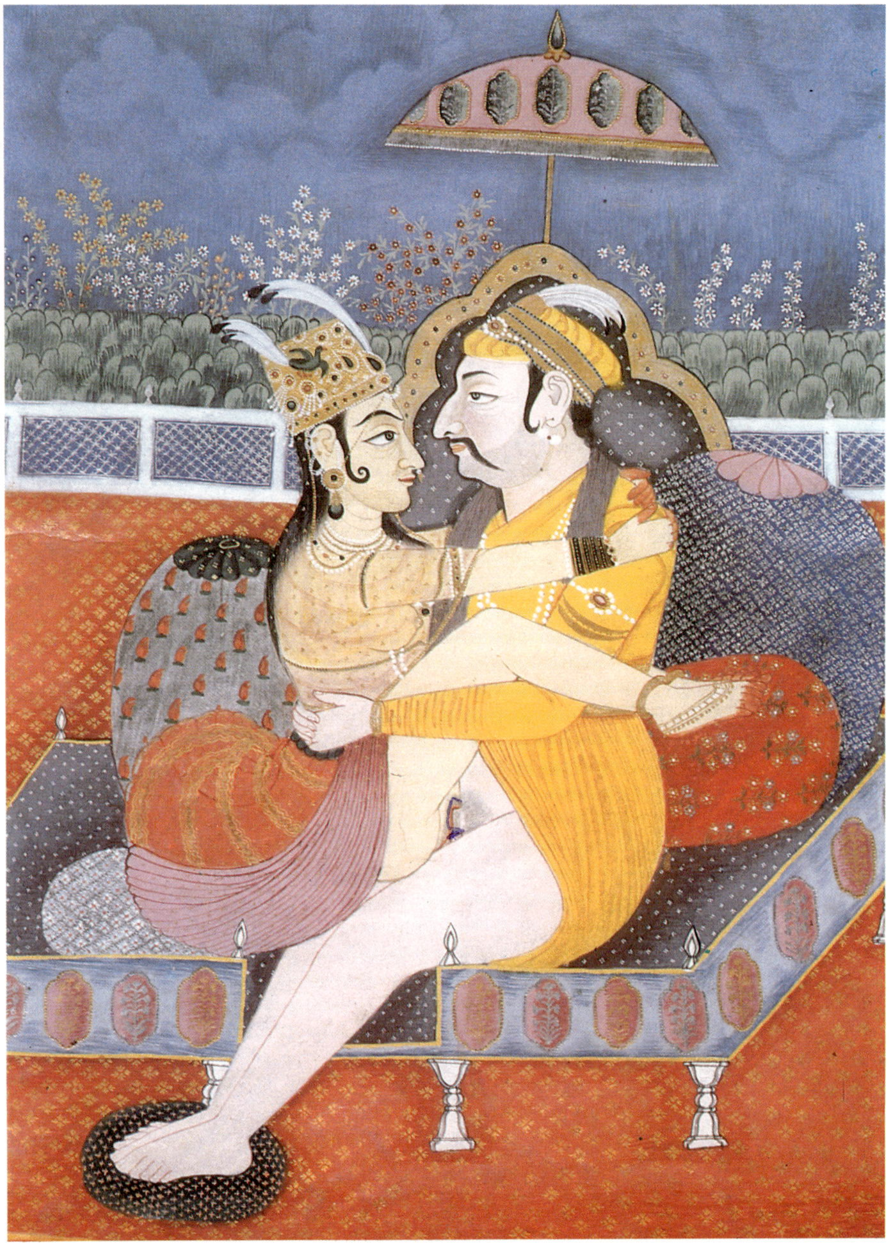

Der schöne Ausschnitt einer nepalesischen Malerei stellt Badshah Jehangir und Begum Nur Jahan vereint auf dem Pfauenthron dar, der sich auf der Terrasse eines Palastes befindet. Das berühmte Paar vereinigt sich in der Stellung *Gewinn Zurückhaltung* des *Ananga Ranga* und blickt sich liebevoll in die Augen. Die prächtigen Farben und fein ausgeführten Einzelheiten geben der Komposition etwas Majestätisches.

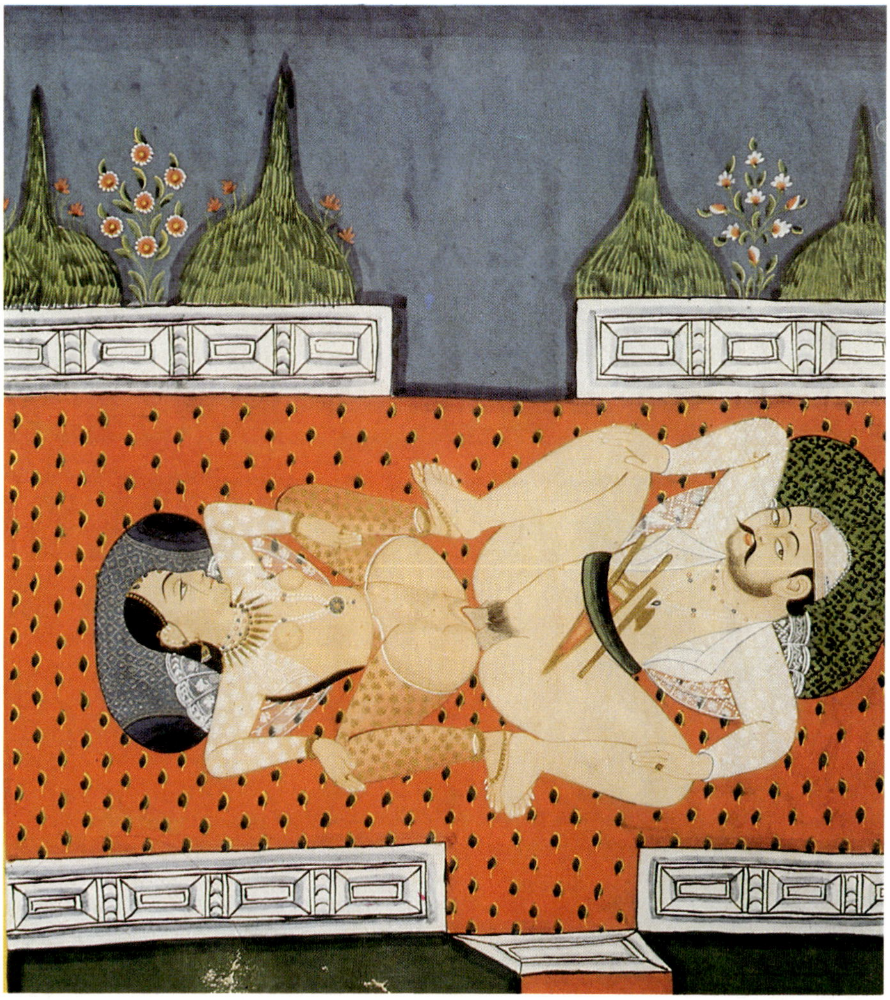

Das ungewöhnliche Bild aus Nepal zeigt einen adligen Krieger, der auf der Terrasse eines Palastes seine Gefährtin liebt. Sie haben sich in einer tantrischen Stellung vereinigt. Die Füße berühren sich, und die Hände liegen auf den Knien, damit ein geschlossener Energiekreislauf zwischen ihnen entsteht. Diese Stellung wird angeblich auf die Liebesvereinigung der Schmetterlinge zurückgeführt.

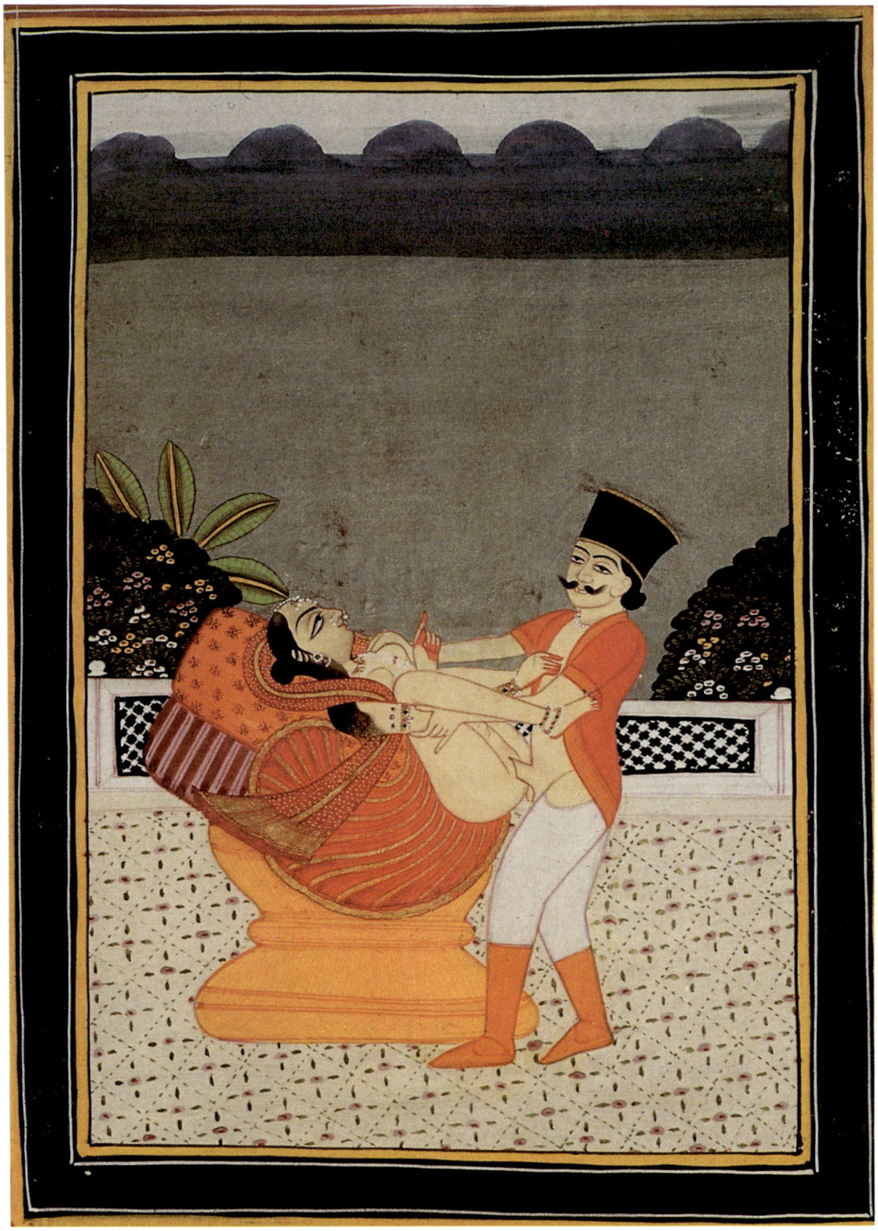

Ein Mann in der Uniform eines Soldaten steht auf der Terrasse eines Palastes und liebt eine vornehme Dame, die auf einem hohen Sockel mit Kissen ruht. Die mandelförmigen Augen der Dame blicken in die Höhe, während ihr Partner die aktive Rolle übernimmt. Die köstliche Zusammenstellung von Gelb, Orange und Ockerbraun kontrastiert wunderschön mit dem kühlen Silber und Blau des Himmels im Hintergrund.

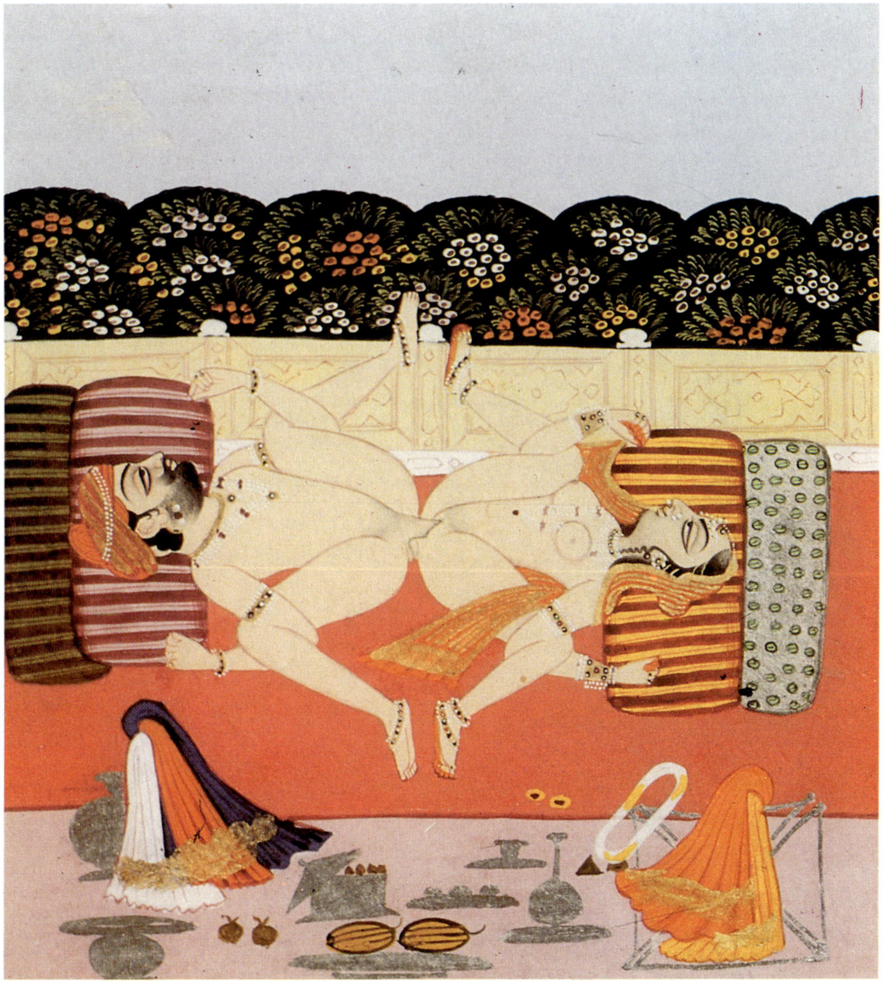

Ein indischer Herrscher und seine Königin lieben sich in einer Stellung, die *Bandha* oder *Schloß* genannt wird, und mit deren Hilfe verhindert werden kann, daß die sexuelle Energie nach außen fließt. Füße und Hände der Frau sind mit Henna rot gefärbt, ein Zeichen, daß sie sich für diese tantrische Übung einer Vorbereitung unterzogen hat. Das Paar blickt zum Himmel, als rufe es sich seine göttliche Herkunft in Erinnerung. Im Vordergrund befinden sich rituelles Gerät und Erfrischungen.

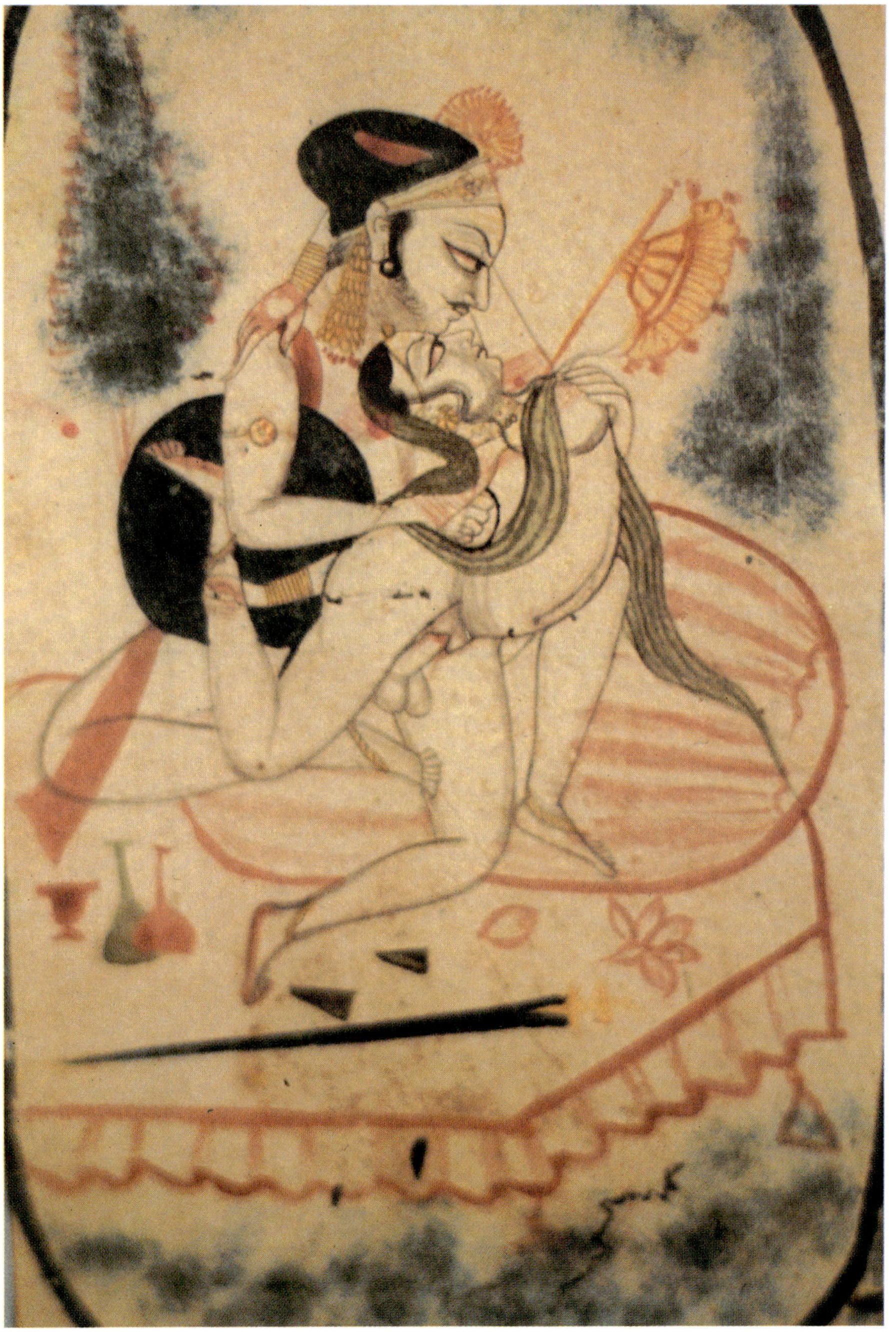

Die Malerei mit ihren zarten Farbtönen zeigt einen Fürsten oder Maharaja in tantrischer Vereinigung mit seiner Herrscherin oder Lieblingskonkubine. Die Position ist eine Variation der *Wende Stellung*, die das *Kama Sutra* beschreibt, und die der Stellung ähnelt, die im *Ananga Ranga Umgekehrte Affen Position* heißt. In ihr lassen sich kaum Bewegungen ausführen, und so eignet sie sich für ein lange dauerndes Lieben, das zur Ekstase führt.

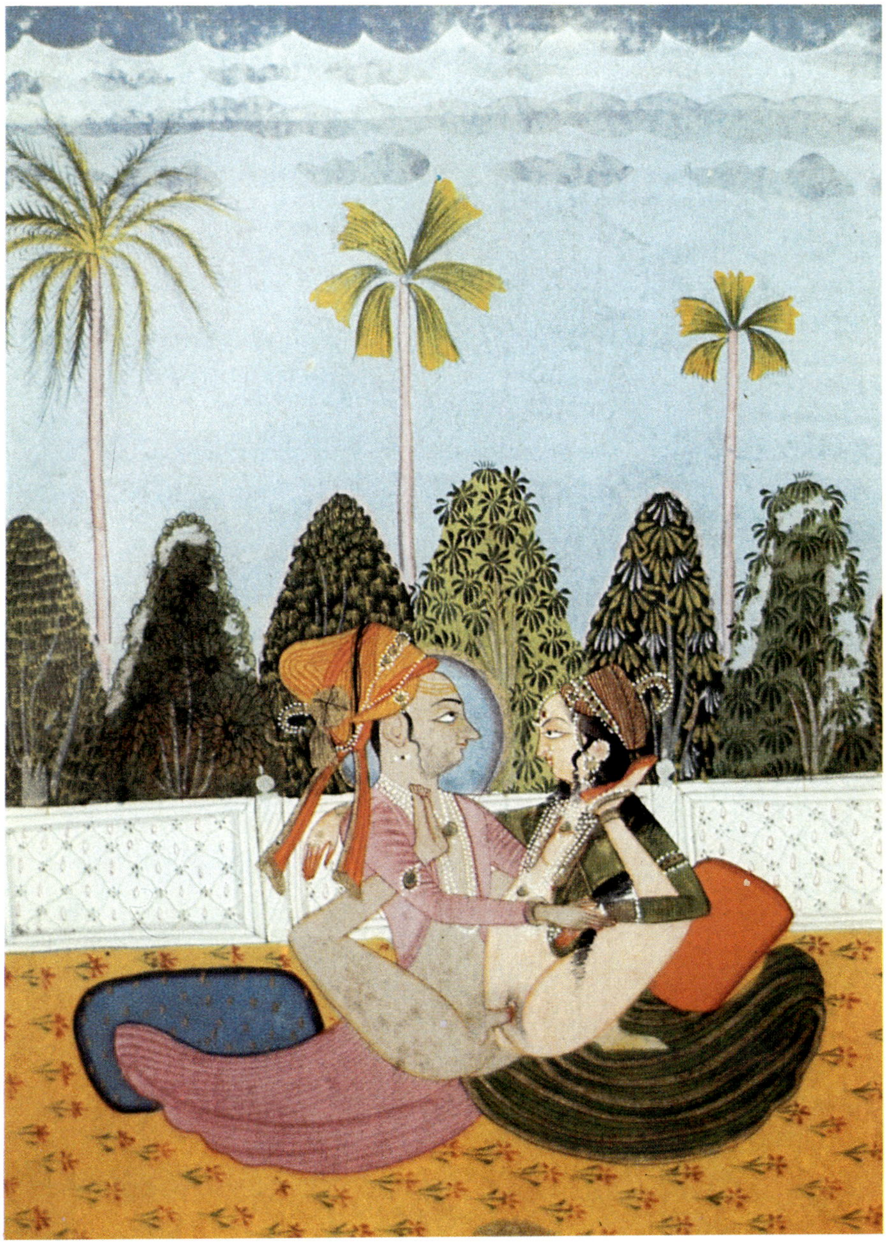

Ein adliges Paar vereinigt sich auf der Terrasse eines Palastes. Sie haben eine mystische Liebesstellung eingenommen, fassen sich an den Händen und nehmen die Beine hoch, damit die sexuelle Energie aufsteigen kann. Hinter dem Kopf des Mannes erscheint eine Aureole himmlischer Farbe, ein Symbol für die spirituellen Früchte solcher Übungen.

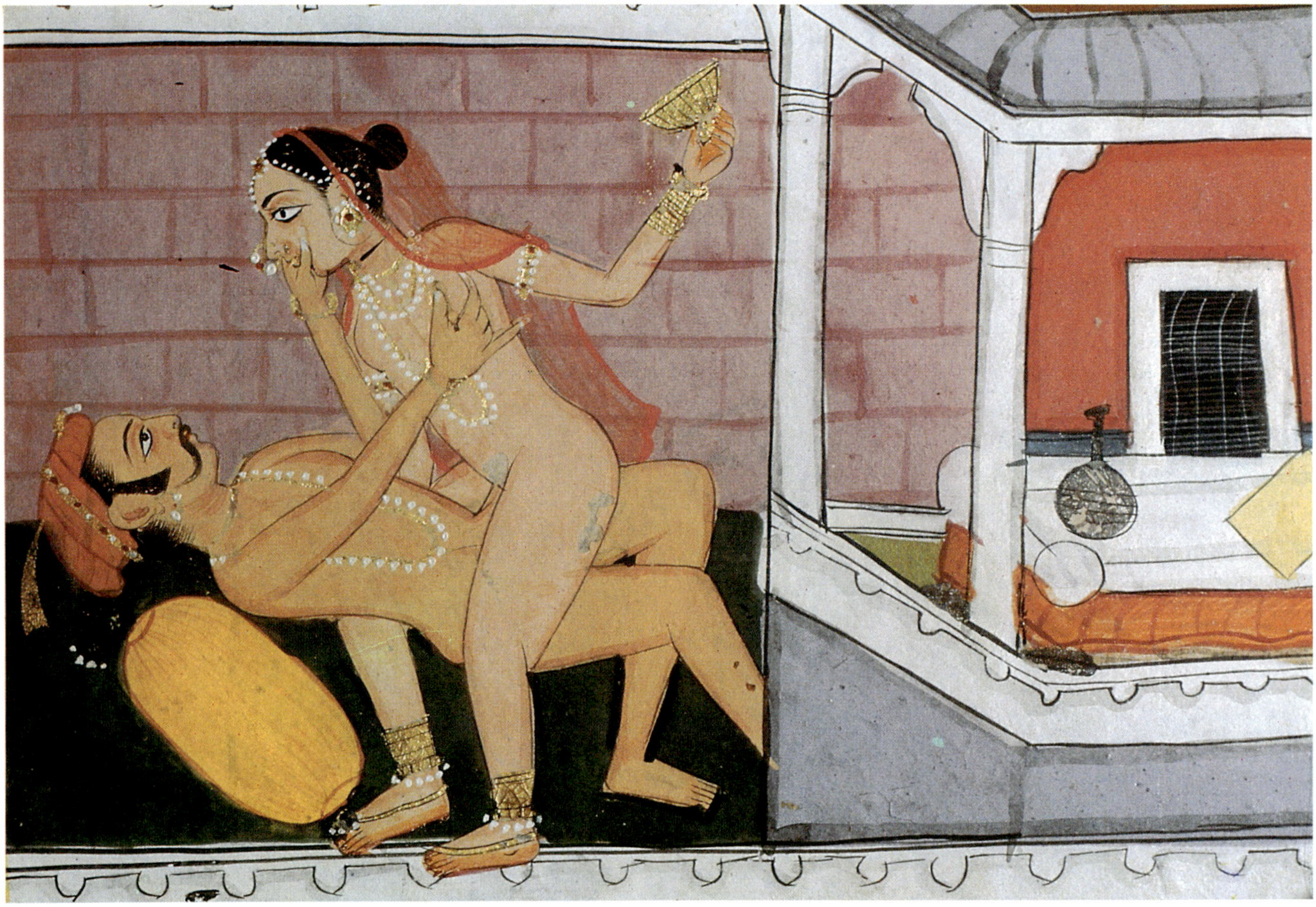

Eine Frau ist zwar von Natur aus zurückhaltend und verbirgt ihre Gefühle, doch wenn sie auf einem Mann ist, soll sie ihre ganze Liebe, ihr Verlangen zeigen.
Kama Sutra

Eine vornehme Dame spielt die aktive Rolle und führt den ersten Schritt der *Schaukel Stellung* aus, die das *Kama Sutra* beschreibt. Der Mann umfaßt das Kinn seiner Partnerin mit der Hand, als wolle er ihr den Mund verschließen, und sie hält einen goldenen Weinbecher so, daß er ihn nicht erreichen kann.

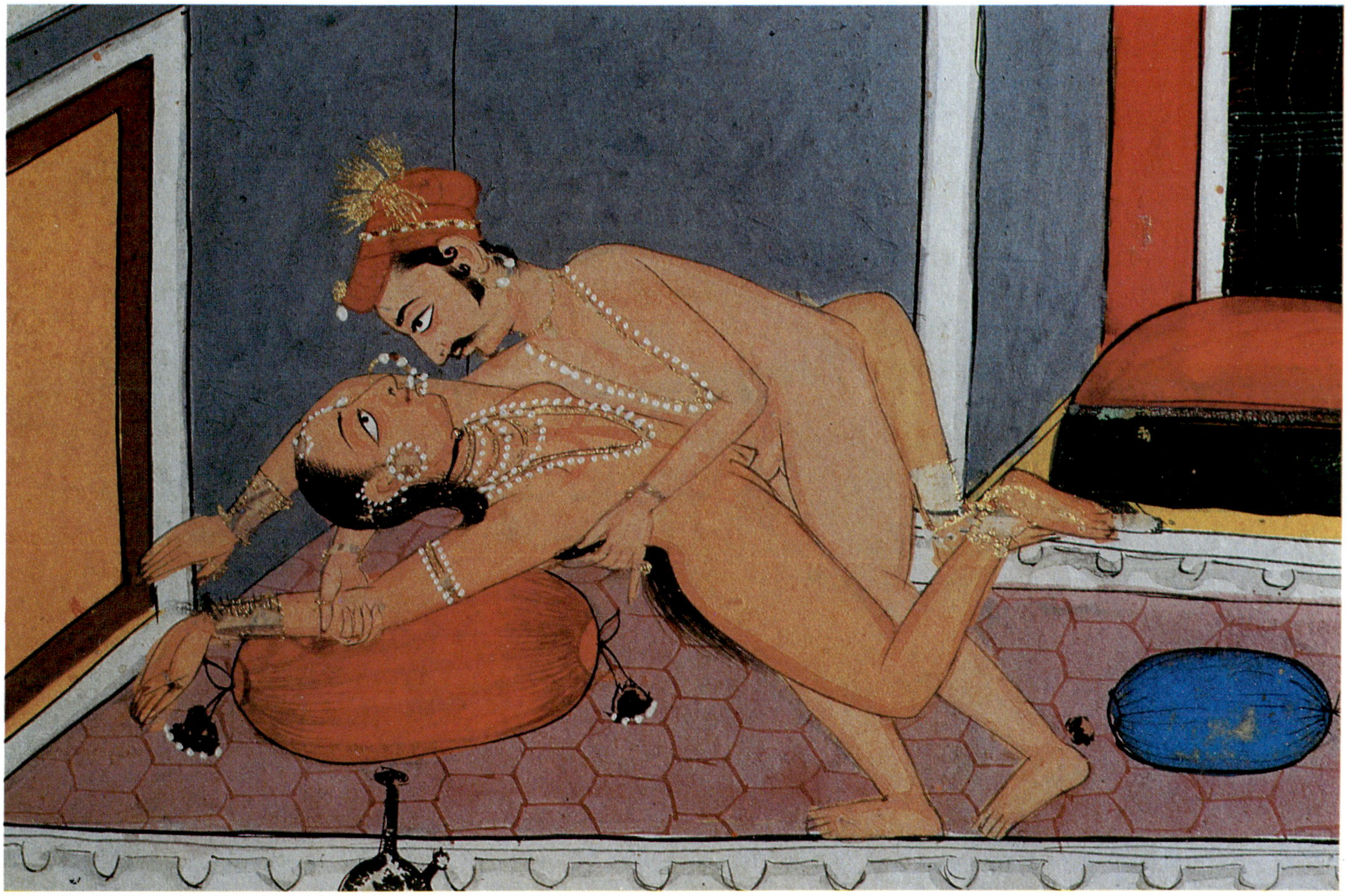

Dieser Ausschnitt gehört in dieselbe Reihe wie das vorhergehende Beispiel und zeigt eine Frau, die sich auf ein rotes Kissen legt, während sich ihr adliger Liebhaber in einer Variation der *Allumfassenden Stellung* des *Ananga Ranga* mit ihr vereinigt.

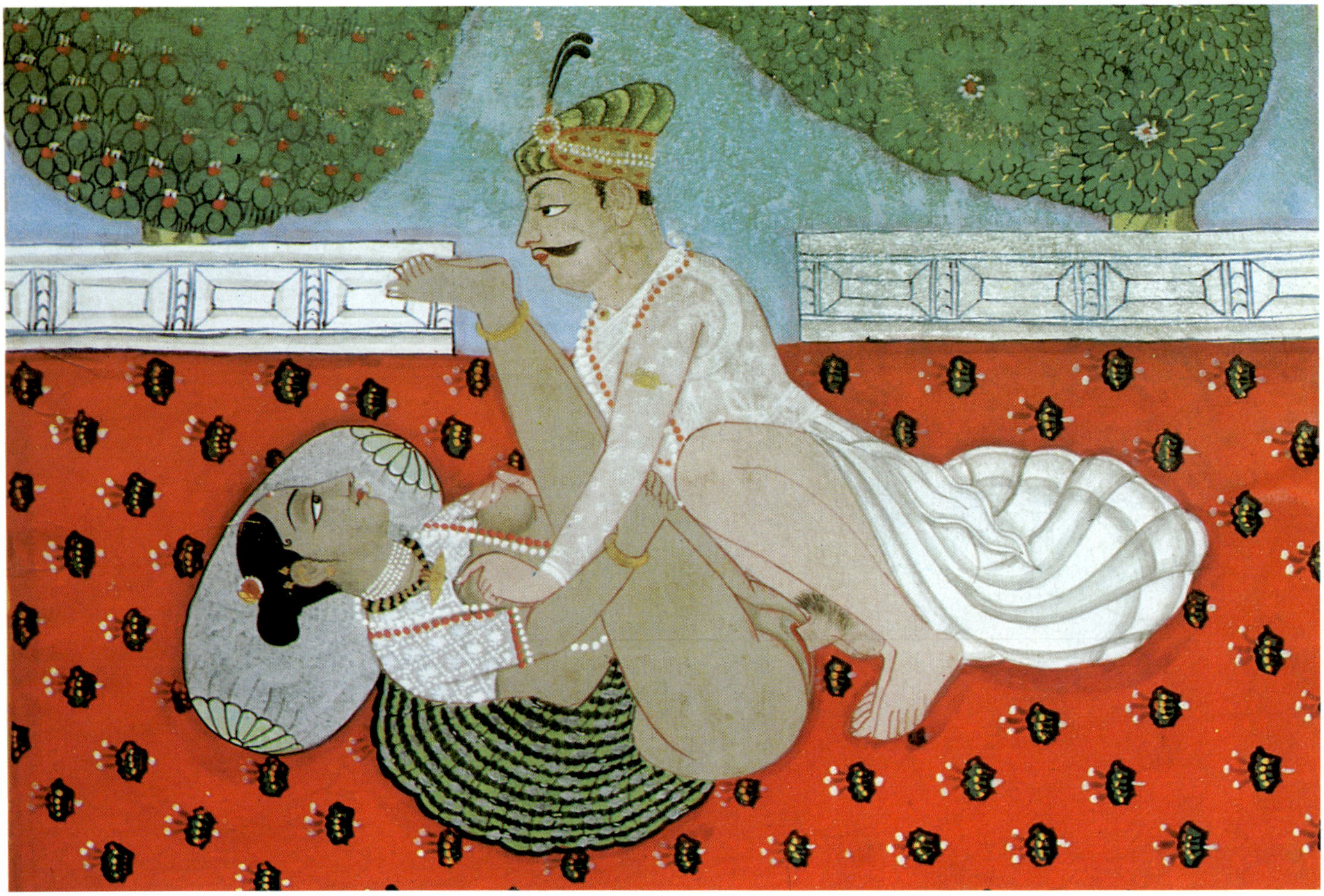

Der Ausschnitt einer nepalesischen Malerei zeigt ein adliges Paar, das sich auf einem gemusterten roten Teppich vereinigt. Der Kopf der Frau ruht auf einem Kissen, sie streckt die Beine in die Höhe und führt die *Öffnen und Blühen Stellung* aus, die im *Ananga Ranga* beschrieben ist. Die Kombination von intensivem Rot und blassen, kühlen Tönen drückt eine Stimmung aus, in der Inbrunst durch inneres Losgelöstsein gemäßigt ist.

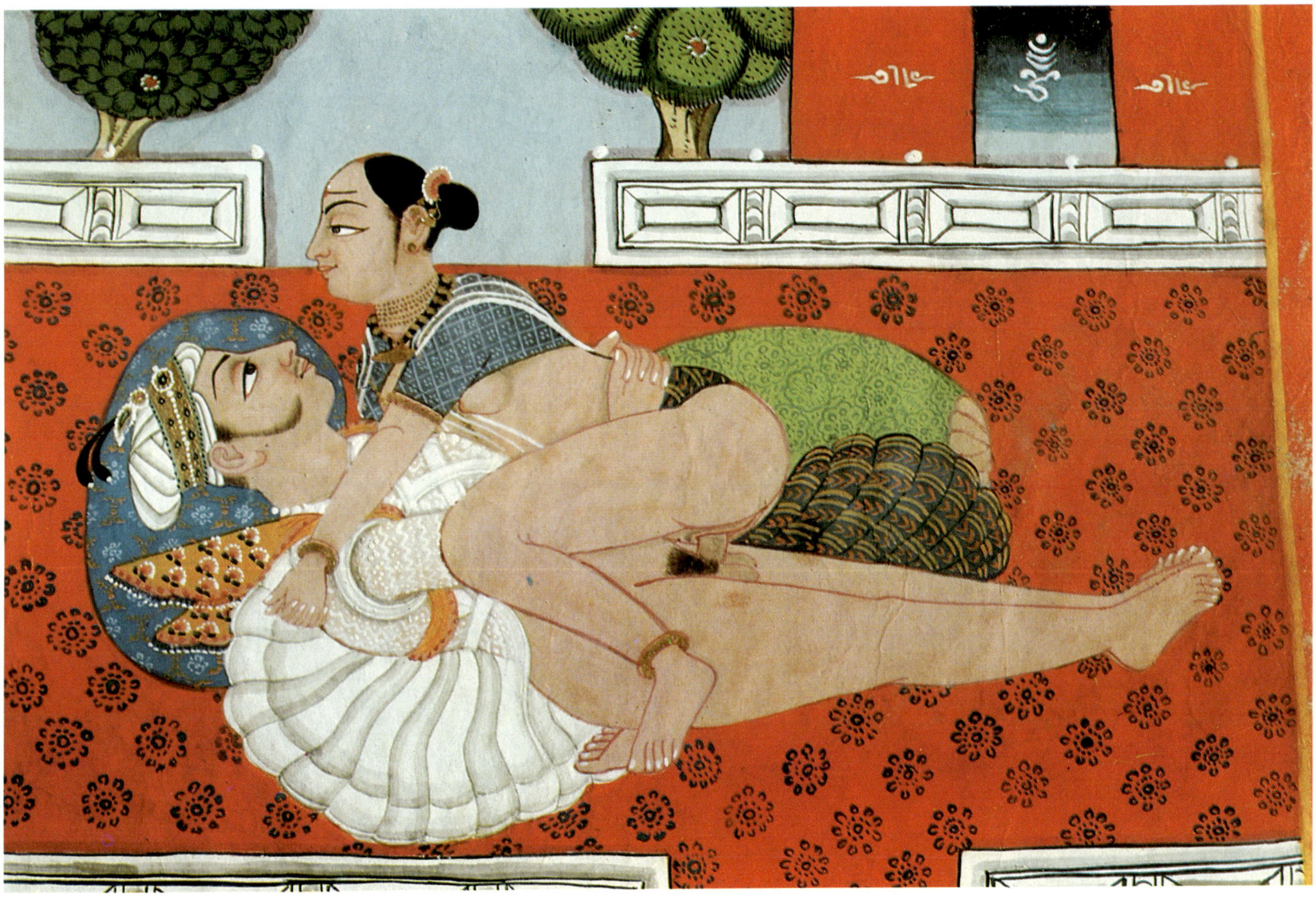

Aus der gleichen Reihe nepalesischer Bilder stammt dieser schöne Ausschnitt mit einem königlichen Paar. Sie lieben sich in der *Zangen Stellung,* die sich im *Ananga Ranga* findet. Im Hintergrund ist die heilige Keimsilbe OM zu sehen. Die Malerei vermittelt eine Stimmung, in der sich Sinnlichkeit und Sensibilität mischen.

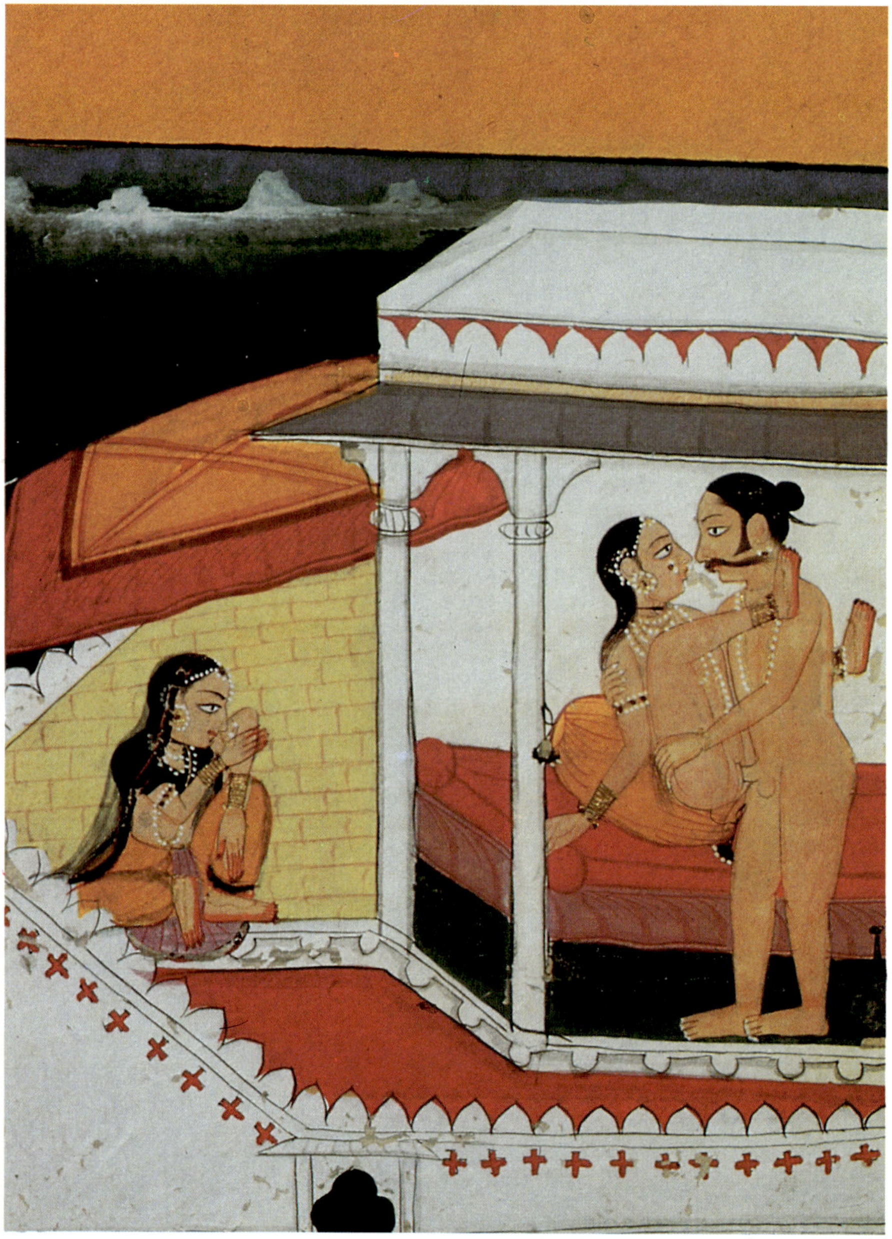

Ein vornehmes Paar liebt sich in einem umhüllten Pavillon, vor dem eine Dienerin wartet. Sie vereinigen sich in einer Variation der *Gestützten Stellung* des *Kama Sutra.* Am Himmel steigen dunkle Gewitterwolken auf und bringen die frischen, hellen Farben der Komposition besonders gut zur Geltung.

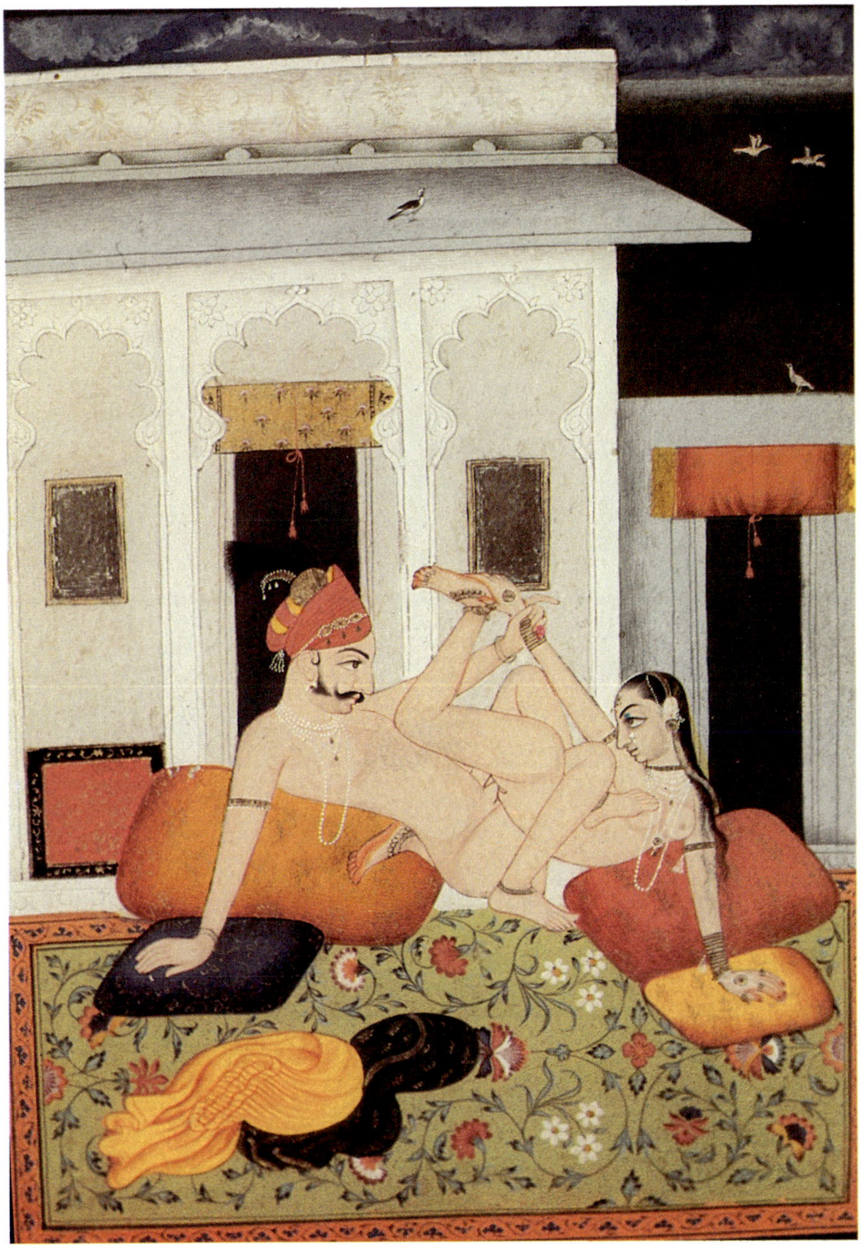

Ein adliges Paar führt eine höchst komplizierte Liebesstellung aus und stützt sich dabei auf Kissen, die auf einem reich gemusterten Teppich liegen. Sie vereinigen sich zu einer Art Liebesknoten, wobei der Mann seine Gefährtin eindringlich anblickt und ihre Brust geschickt mit einem Fuß liebkost. Die Komposition der Malerei vermittelt den Eindruck von beherrschter Dynamik und Ausgeglichenheit.

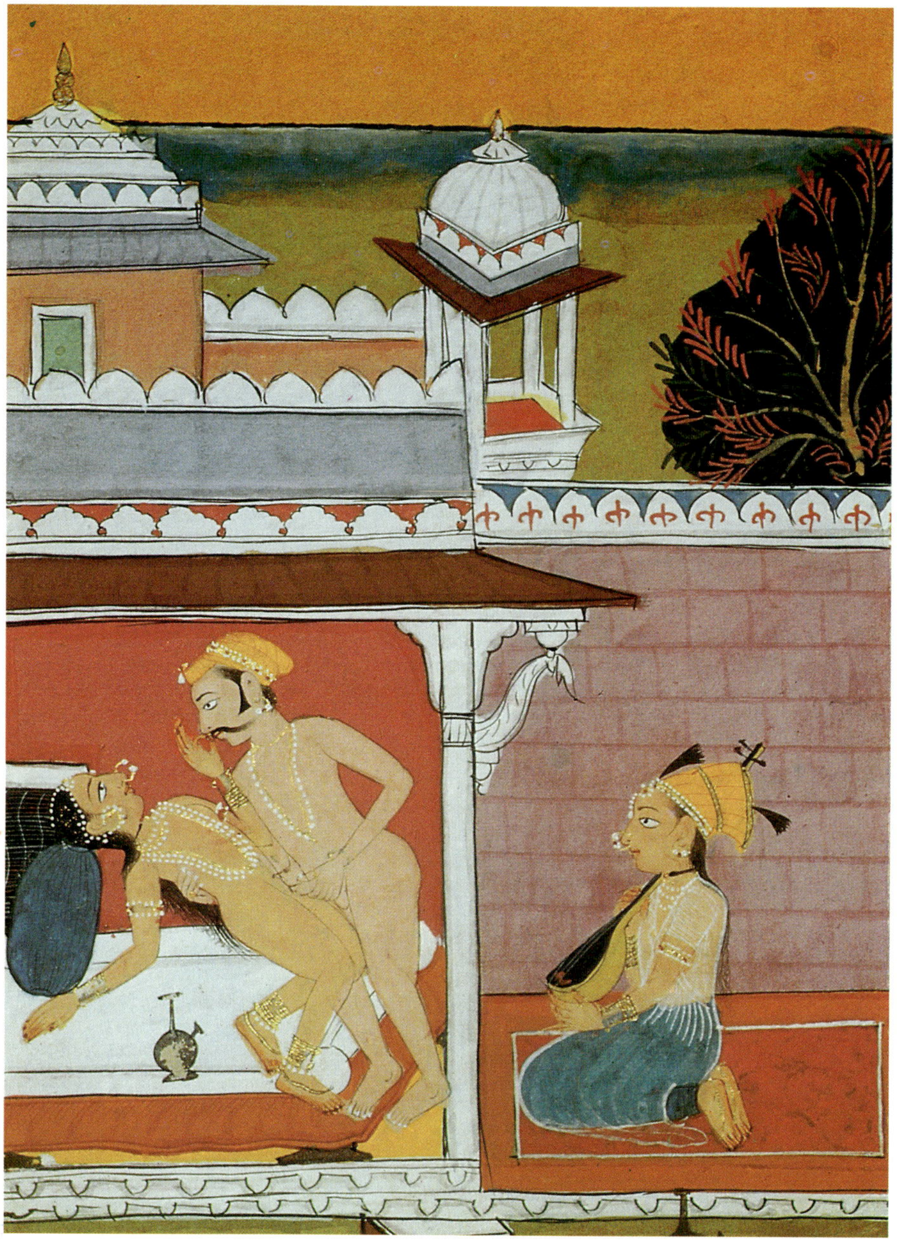

Es ist die Aufgabe des Mannes, auf die Vorlieben der Frau einzugehen, leidenschaftlich oder zärtlich zu sein, ganz nach Wunsch seiner Geliebten.
Koka Shastra

Ein Paar vereinigt sich in einem roten Gemach, an das sich eine ummauerte Terrasse anschließt. Während der Mann seinen *Lingam* umfaßt und ihn in die *Yoni* seiner Geliebten einführt, beugt sie sich über einem weißen Lager zurück und zwirbelt verspielt mit hennaroten Fingern seinen Schnurrbart. Draußen auf der Terrasse kniet eine Musikerin und singt zärtliche Weisen, die die Liebesbewegungen begleiten.

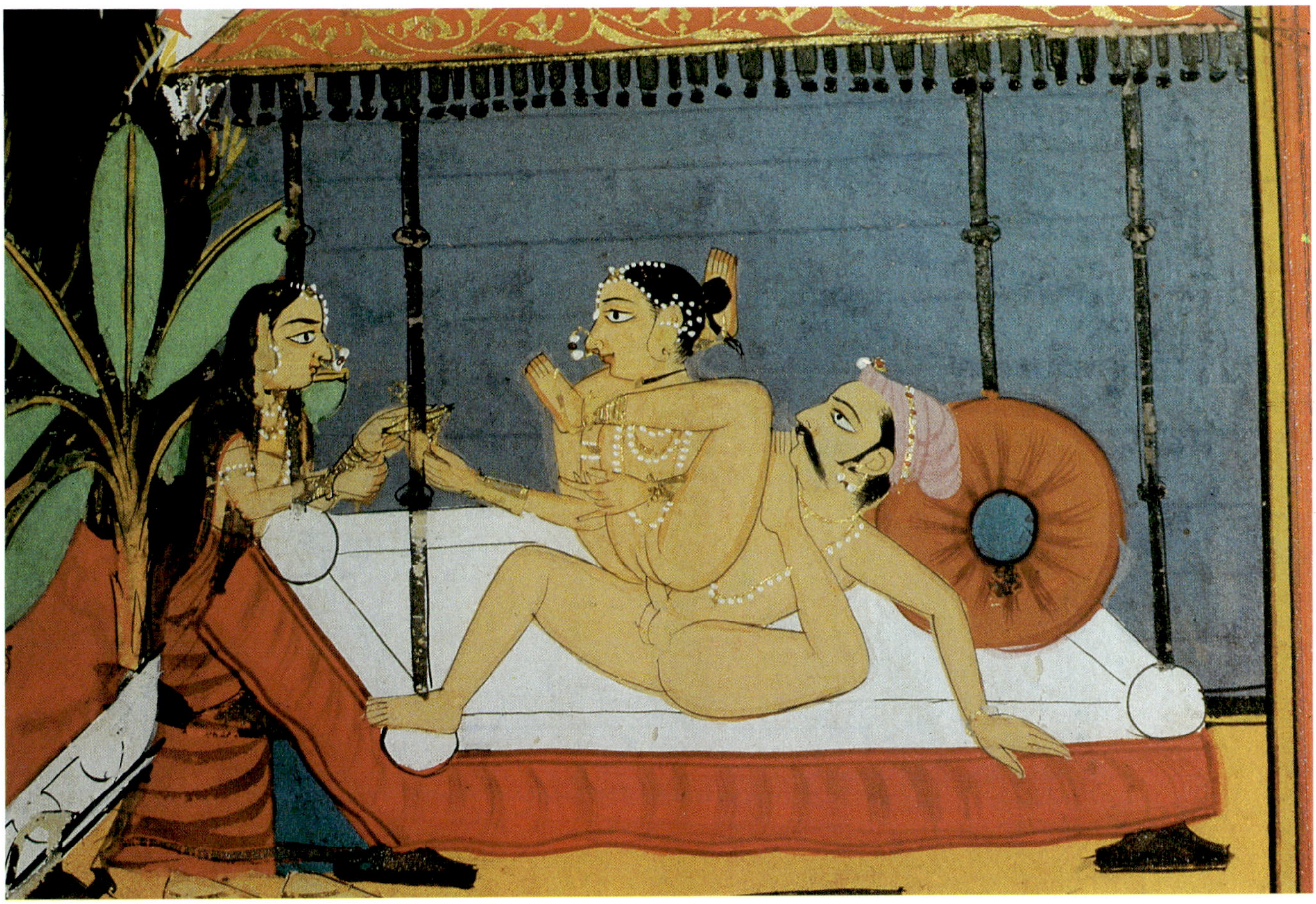

Der Ausschnitt zeigt ein adliges Paar, das sich in der ungewöhnlichen *Drehenden Oben Stellung* liebt, die im *Kama Sutra* beschrieben ist. Der Maharaja liegt auf dem Rücken, während seine Gemahlin die akrobatische Stellung auf ihm einnimmt. Eine Dienerin schaukelt das Bett und reicht ihrer Herrin einen Becher Wein.

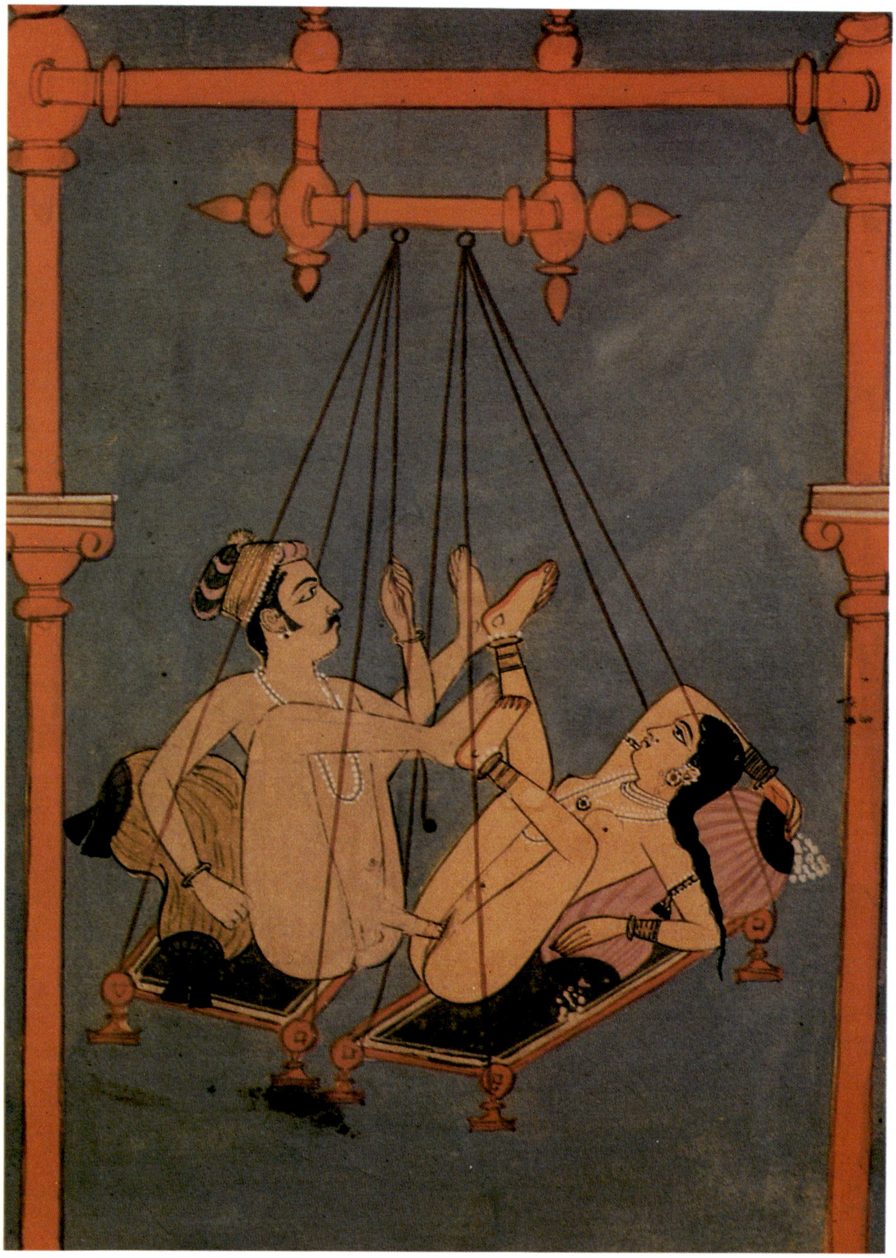

Hier ist ein Paar auf zwei Schaukeln mitten im Liebesspiel dargestellt. Sie drücken die Fußsohlen aneinander und lassen den Liebesrhythmus entstehen, in dem sie die Schaukeln hin- und herbewegen. Derart raffinierte Liebeshilfen waren im Orient nicht ungewöhnlich und sollten die erotische Phantasie anregen und freudige Spontaneität entstehen lassen.

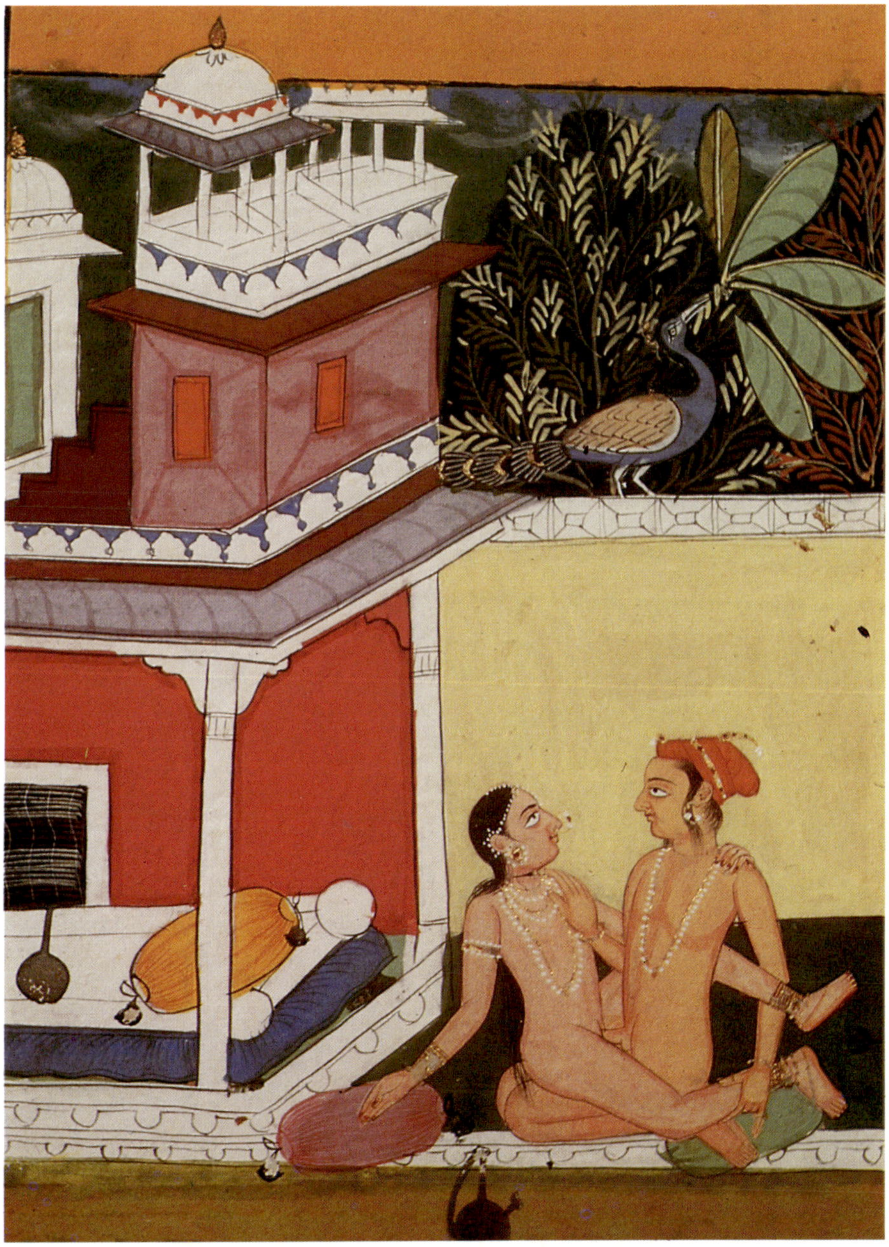

Ein Pfau stolziert auf der Mauer über einem adligen Paar, das sich auf der Terrasse eines Palastes im Sitzen vereinigt hat. Die Liebenden schaukeln vor und zurück und vollführen mit den Händen mystische Gesten, mit denen sie die sexuelle Energie lenken.

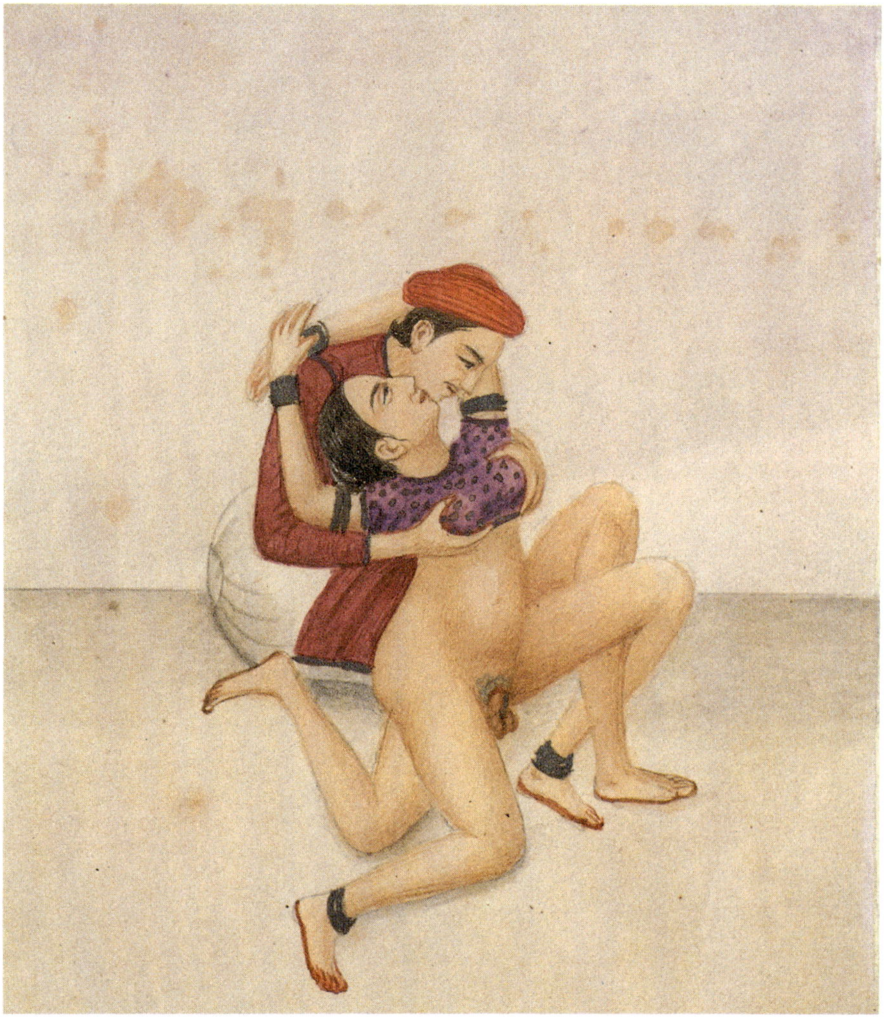

Auf dieser mit Wasserfarben ausgeführten Miniatur aus einer Reihe, die den ungewöhnlichen europäischen Stil der East India Company-Schule zeigt, ist ein junger Mann mit roter Jacke und Turban dargestellt, der sich mit einer Dame in einer Variation der *Wende Stellung* vereinigt hat, die im *Kama Sutra* beschrieben ist. Er kniet auf dem rechten Knie und hebt das linke, während er die Frau von hinten liebt. Seine Partnerin blickt voller Hingabe auf.

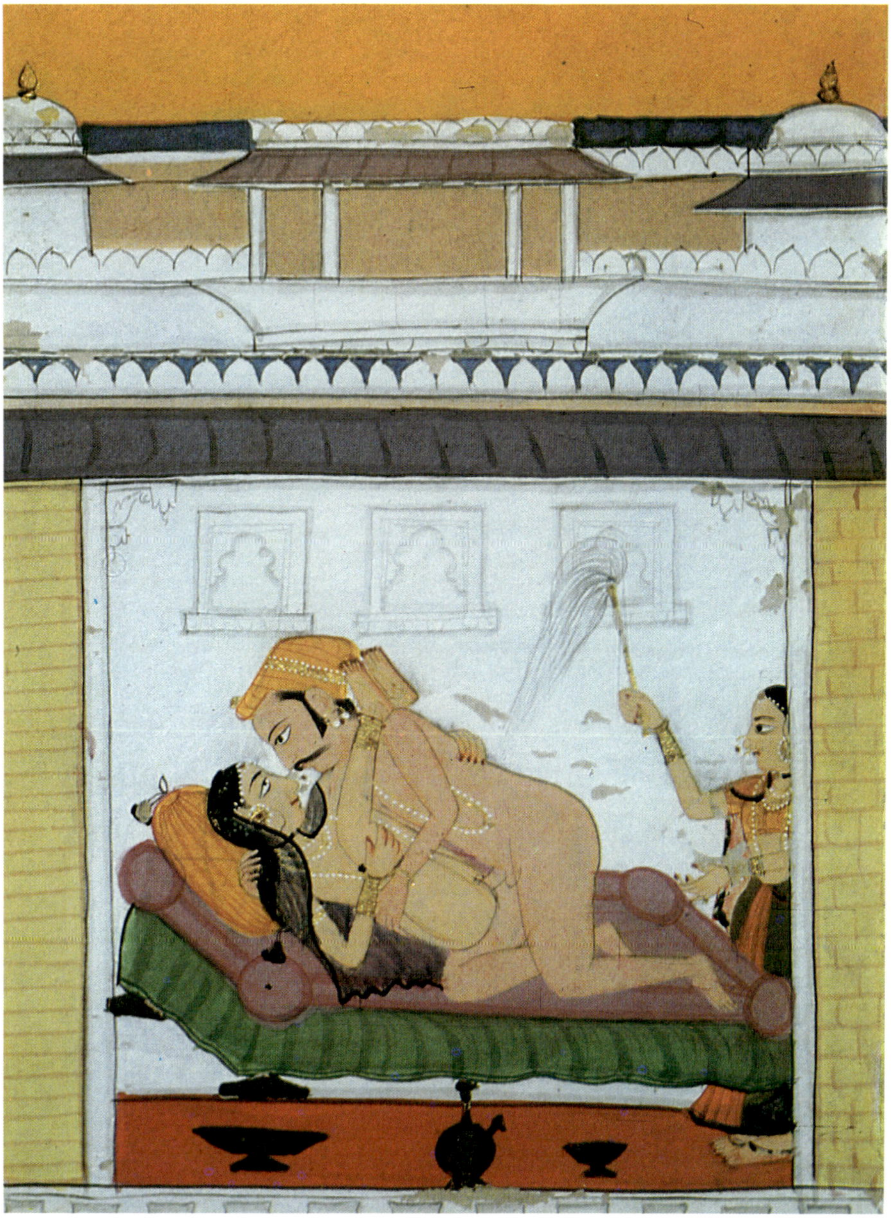

Der intime Blick in einen Palast zeigt einen hinduistischen Maharaja, der auf einem Bett kniet und in seine Gefährtin eindringt, während sie die Beine in der klassischen Liebesstellung nach oben führt, die *Abwechselndes Gähnen* benannt ist. Das Paar blickt sich tief in die Augen, während eine Dienerin einen Fliegenwedel schwingt und das Bett schaukelt, um die Liebesbewegungen zu unterstützen. Die Verwendung der Komplementärfarben Lila und Ockergelb, Rot und Grün schafft eine Stimmung der Harmonie und seelischen Erbauung.

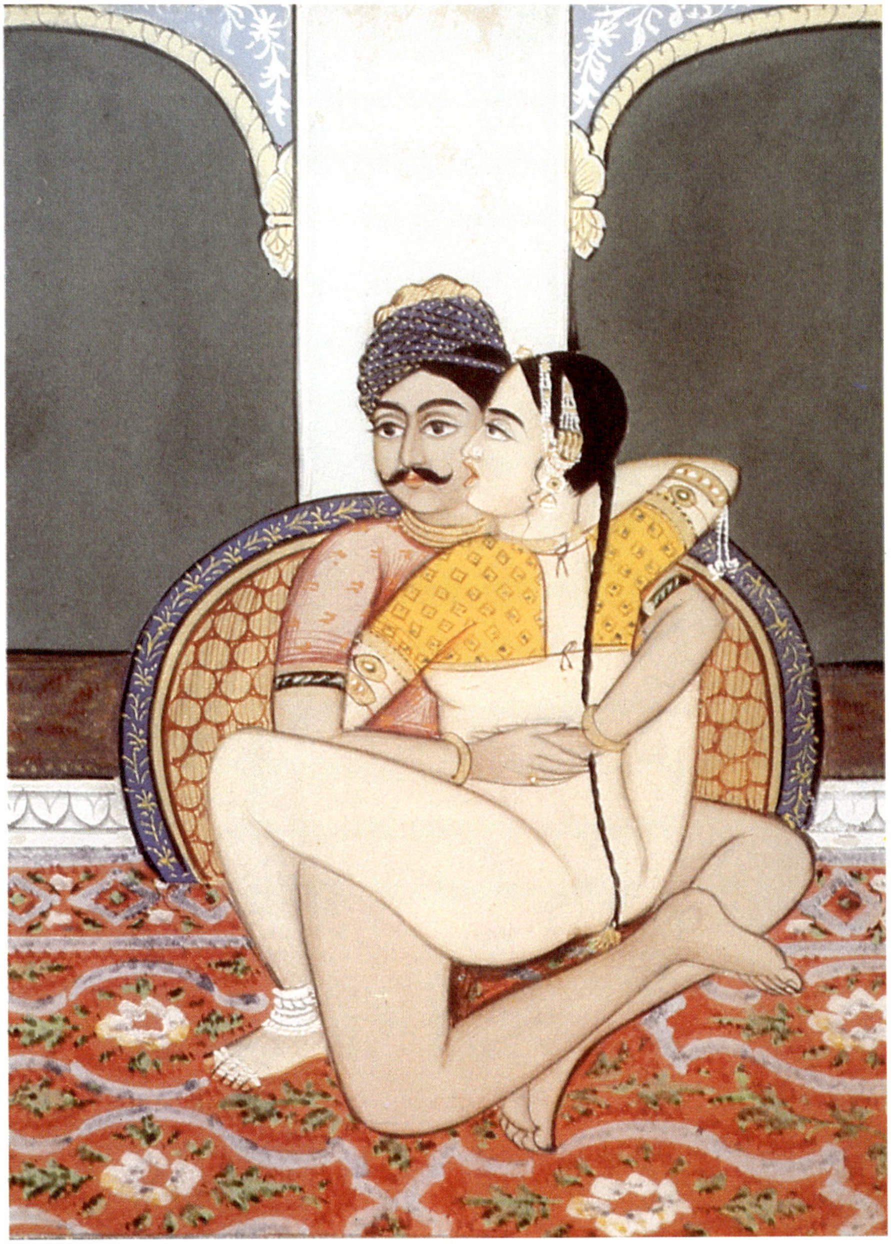

Wenn beide eng umschlungen in den Armen der Liebe liegen,
Gibt es keine Trennung, kein ‹Gut›, kein ‹Böse›,
Alle Gedanken weichen
Beim Ansturm reiner Leidenschaft.
Kuttni Mahatmyam

Ein indisches Paar sitzt im Haus in der *Lotosstellung* des *Ananga Ranga.* Das Gesicht des Mannes ist ruhig, während er sich auf die Zurückhaltung konzentriert. Der lange Zopf der Frau fällt wie eine dünne schwarze Schlange ihren Rücken hinab. Die Hautfarben heben sich gut von der Palette ab, die die übrige Komposition bestimmt.

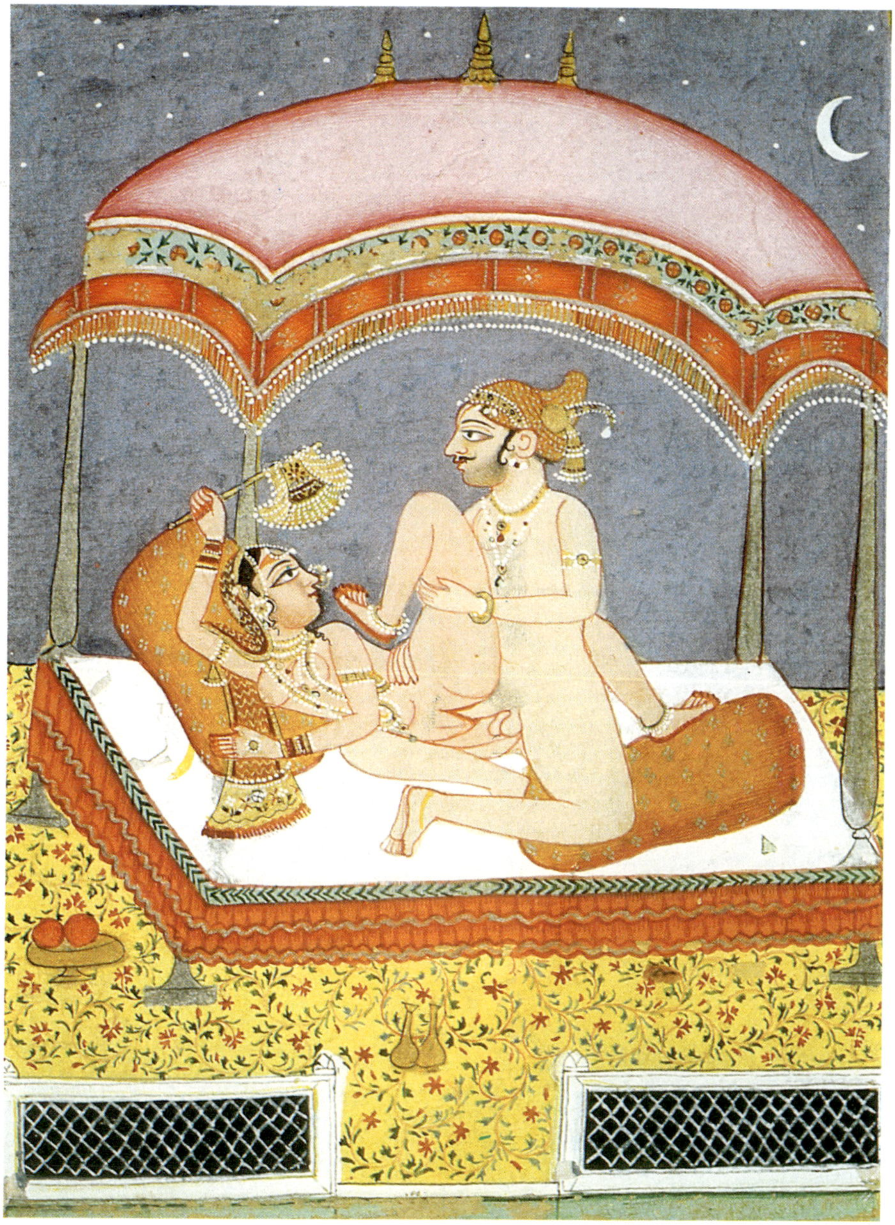

Ein vornehmes Paar liebt sich auf einem exotischen Himmelbett, auf der Terrasse eines Palastes, unter der Sichel des Mondes. Sterne funkeln im lila Himmel über ihnen. Die Liebenden nehmen eine Variation der *Festnagelnden Stellung* ein, die im *Kama Sutra* beschrieben ist.

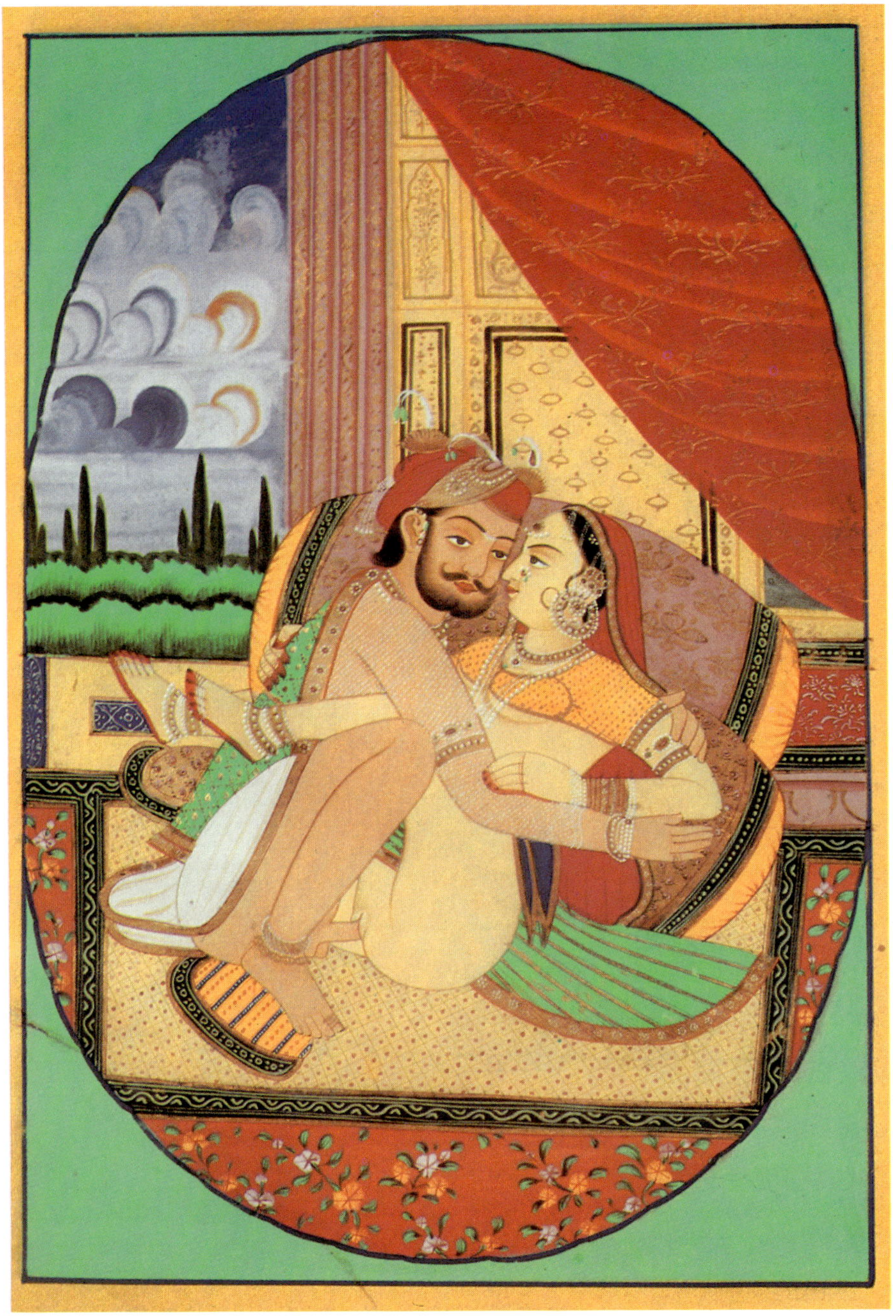

Ein Bogen rahmt ein königliches Paar, das sich auf einem reichgemusterten Teppich liebt. Die beiden befinden sich im Palast und beginnen mit der *Vogel Stellung*, wie sie im *Ananga Ranga* beschrieben ist. Die wirbelnden Wolkenberge am Himmel hinter dem Paar verstärken das Gefühl drängender Leidenschaft.

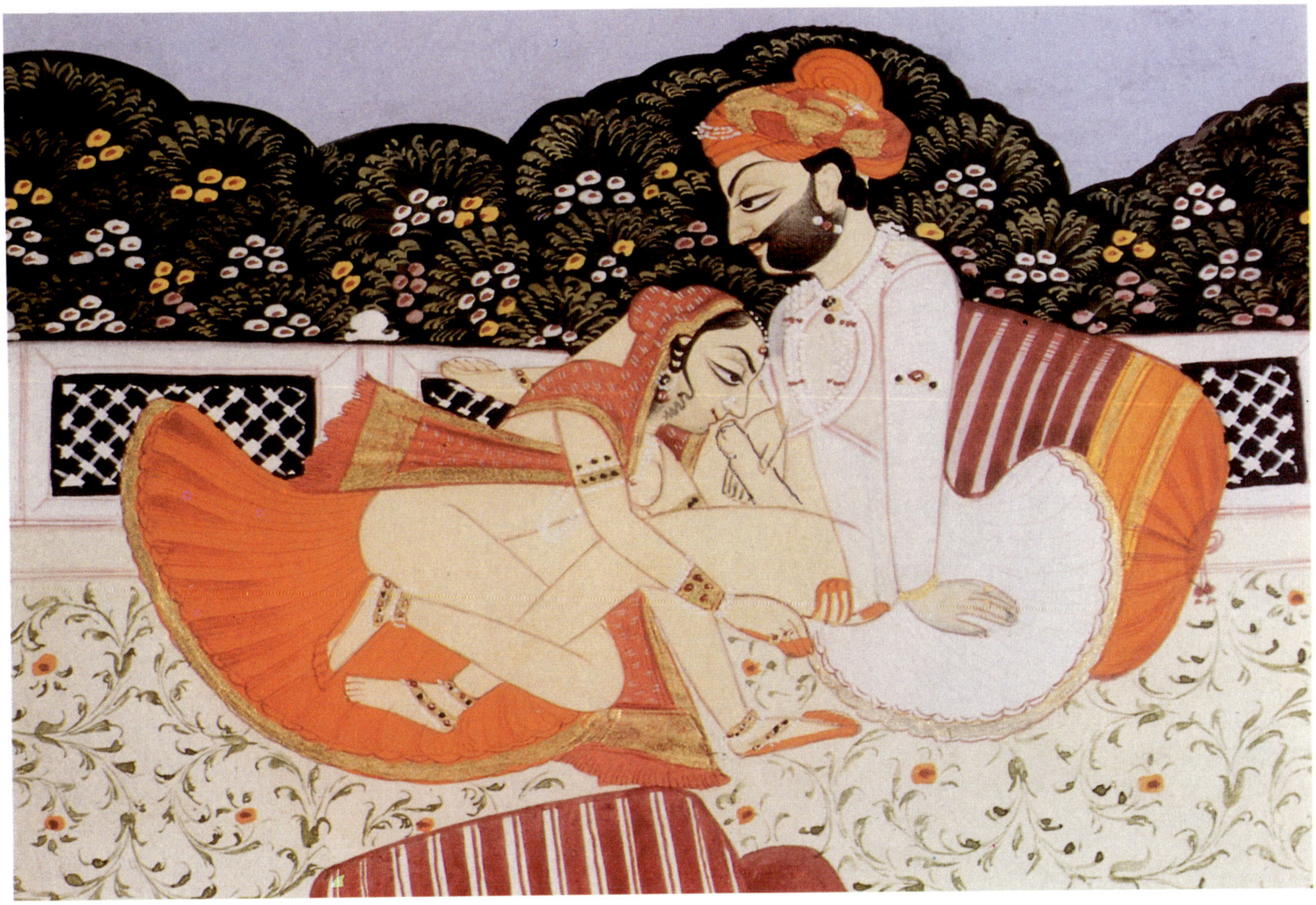

Ein hinduistischer Maharaja sitzt auf der Dachterrasse eines Palastes. Seine liebliche Gefährtin gibt sich der oralen Liebe hin, während er sich gegen ein großes Kissen lehnt. Im Hintergrund öffnen sich Blüten. Ein Ausschnitt aus einem besonders prächtigen indischen Bild.

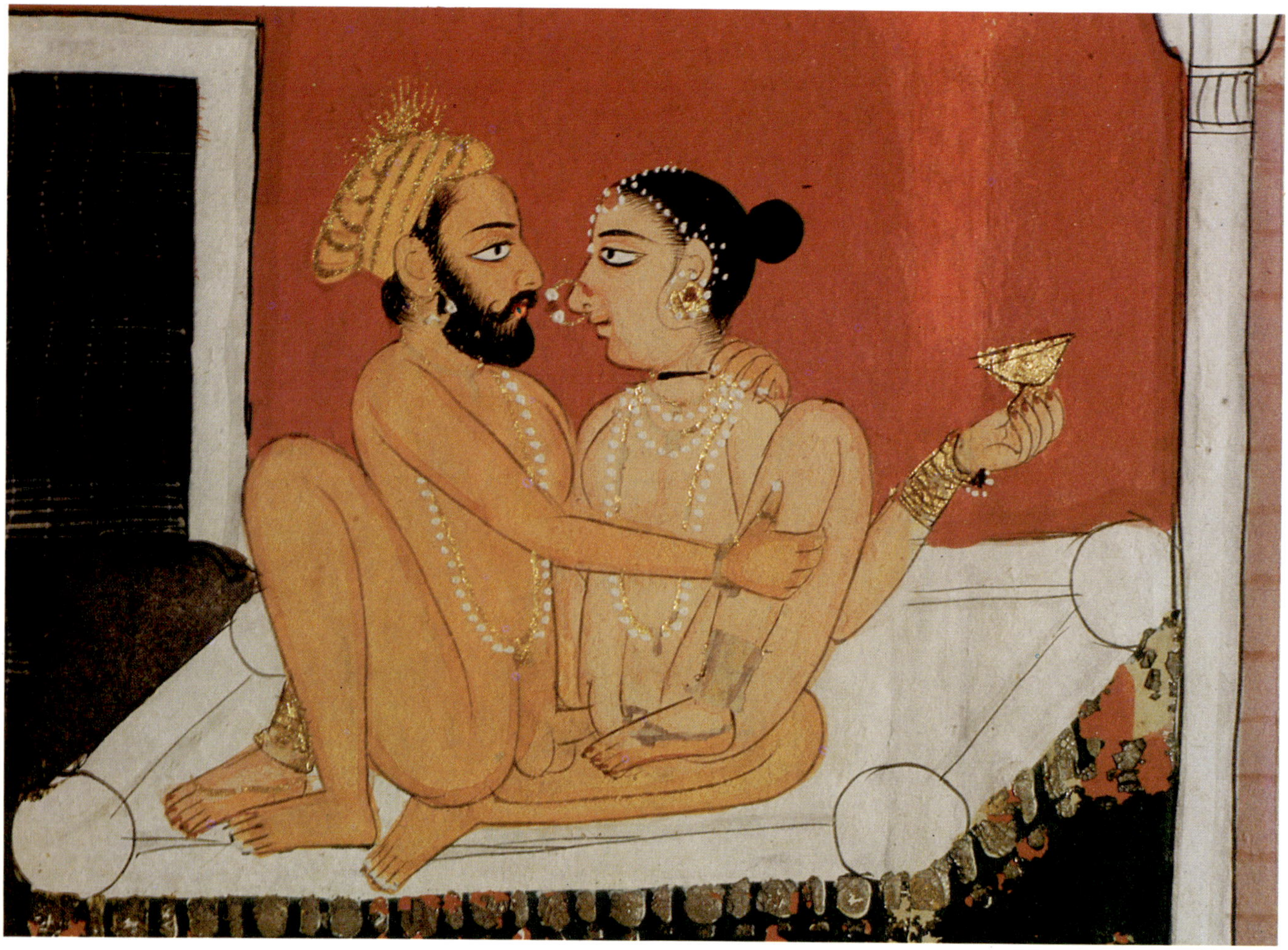

Der Ausschnitt zeigt ein adliges Paar, das in tantrischer Vereinigung auf einem weißen Lager in einem roten Gemach sitzt. Das Paar umarmt und liebt sich in einer Variation der *Oberschenkel Reiben Stellung* des *Mond-Elixier-Tantra.* Der Mann faßt nach dem Bein der Partnerin, und sie hält einen Becher Wein in der Hand.

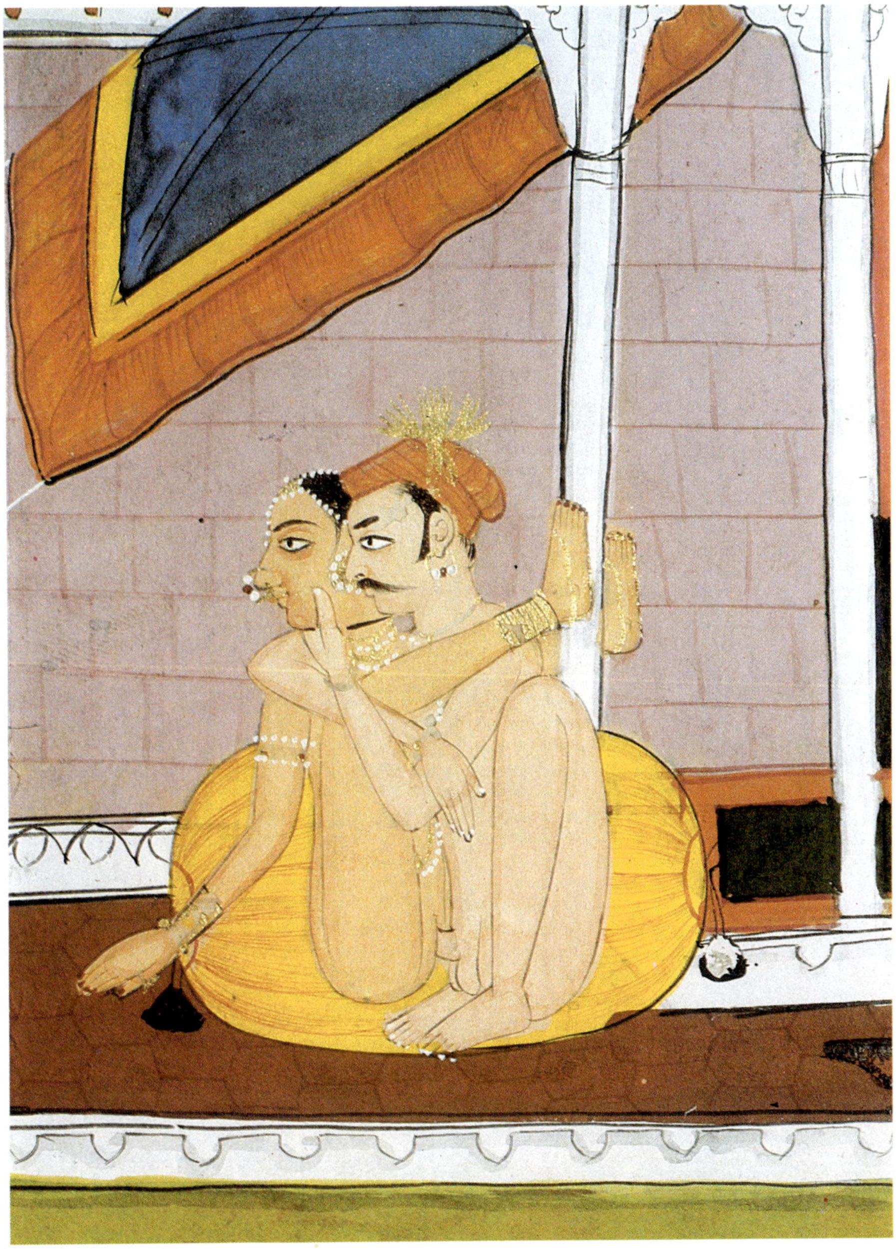

Ein Ausschnitt aus derselben Reihe von Malereien, zu denen auch das vorhergehende Beispiel gehört, zeigt ebenfalls eine Liebesstellung im Sitzen. Das Paar vereinigt sich in der *Gewinn Zurückhaltung Stellung* des *Ananga Ranga* und schaukelt unter einem blauroten Baldachin hin und her.

Die Frau des Mannes Hälfte, unschätzbar als Freund,
Sein steter Quell von Freude, Tugend, Reichtum,
In seinen Jahren auf der Erde eine Hilfe
Das ganze Leben, für und für, gar übers End hinaus.
Mahabharata

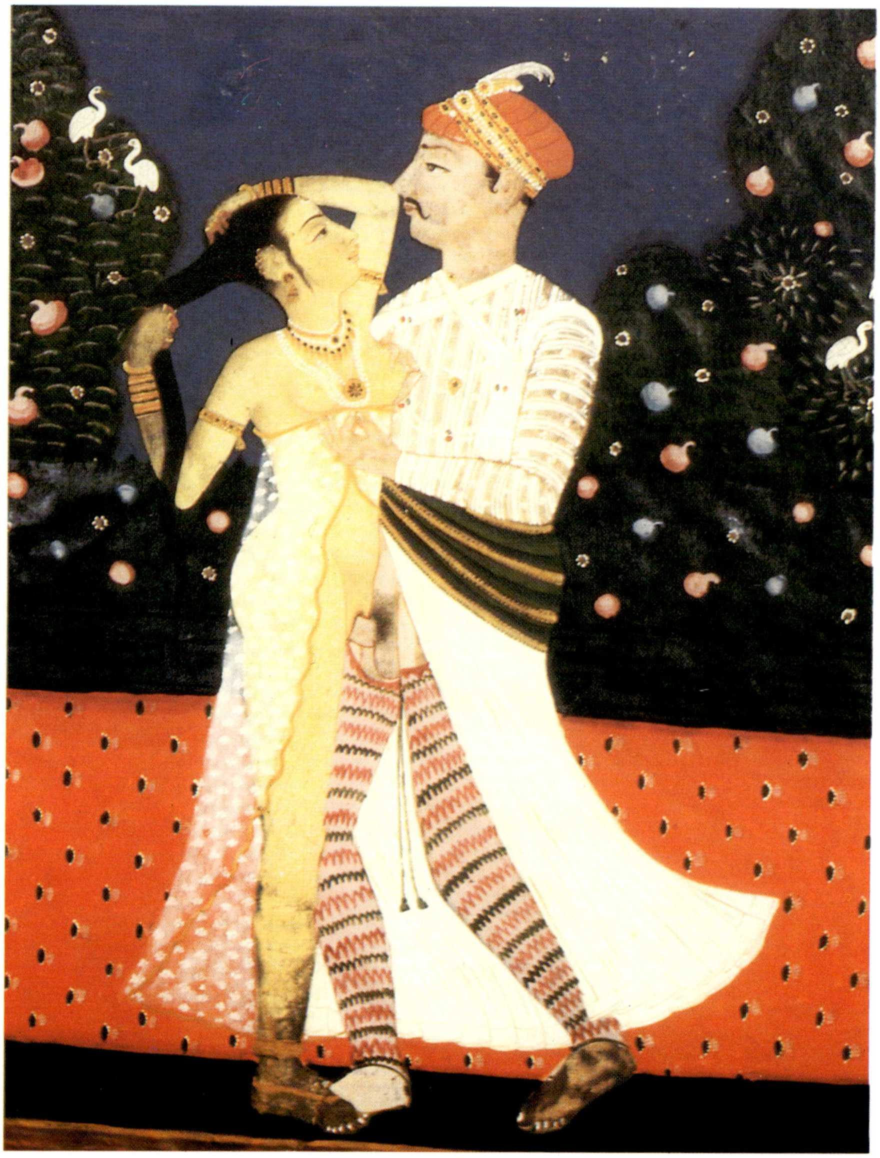

Auf diesem besonders schönen Bild aus Nepal weicht der Tag der Nacht; ein adliges Paar steht in Liebe vereinigt auf der Terrasse eines Palastes. Die Frau hält ihr tiefschwarzes, geflochtenes Haar, während ihr Liebhaber mit einer Hand nach dem durchsichtigen Gewand faßt und die andere an ihre linke Brust schmiegt. Die edle Gefährtin sieht mit ihrer zarten Haut und in der sinnlichen Haltung wie eine Statue aus, die eben zum Leben erwacht. Weiße Vögel, rosa und blaue Blüten schmücken die Zweige der Bäume, und die Sonne geht im Rosenschimmer unter. Eine bezaubernde Stimmung, die das Gefühl sinnlicher Liebe weckt.

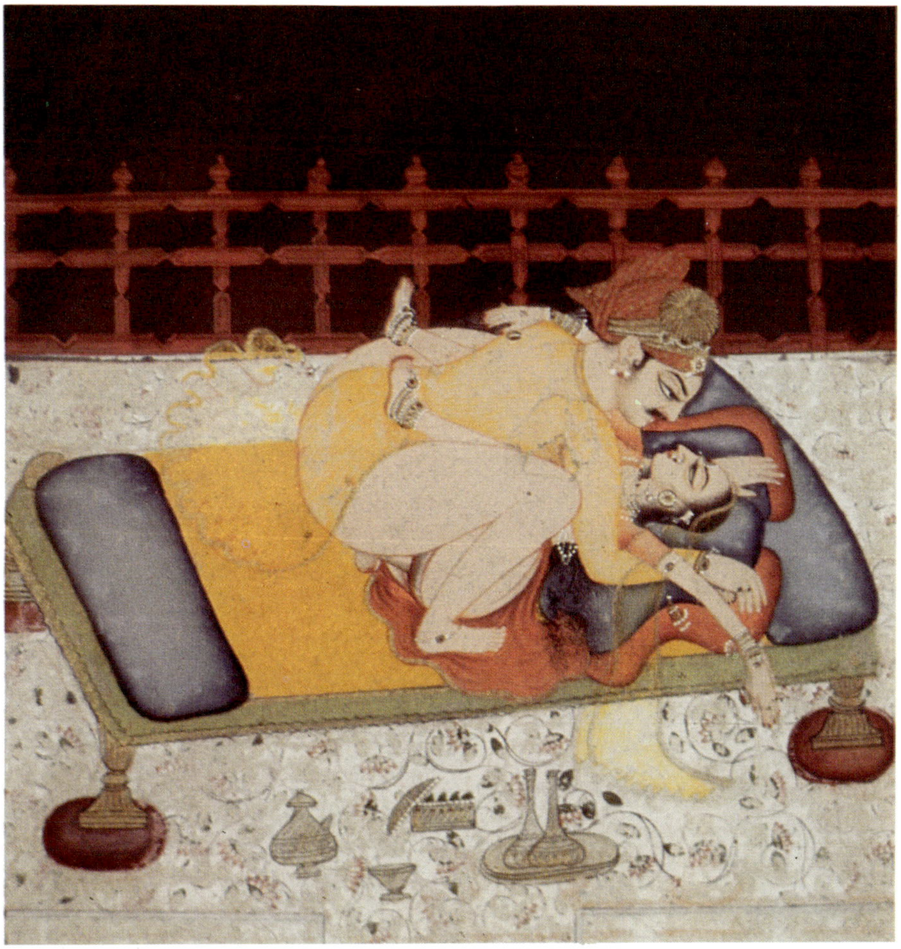

Der Ausschnitt zeigt wunderschön die ekstatische Vereinigung eines königlichen Paares. Ein Maharaja kauert über seiner Gemahlin, die auf dem Bett auf der Terrasse liegt, und dringt in sie ein. Der Mann bewegt sein ‹Szepter› im ‹Lotos› seiner Partnerin und blickt ihr tief in die Augen. Sie lieben sich in der *Vogel Stellung* des *Ananga Ranga.*

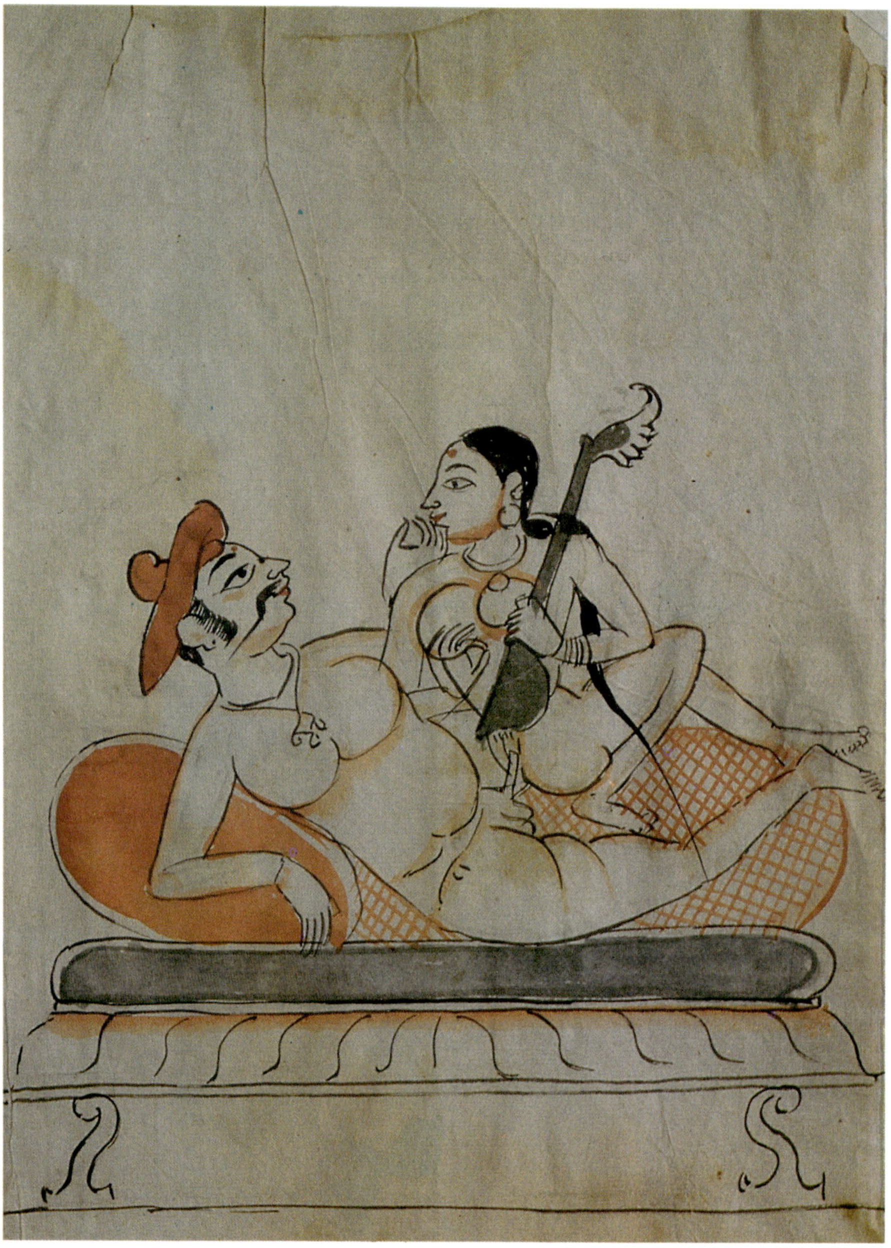

Das zarte Aquarell stellt einen Mann auf seinem Bett liegend dar, während seine Gefährtin in der tantrischen Liebesstellung über ihm kauert, die im *Ananga Ranga* unter der Bezeichnung *Biene summt über dem Mann* beschrieben ist. Die Frau hält ein Saiteninstrument und läßt süße Musik erklingen, während sie ihren entzückten Partner liebt.

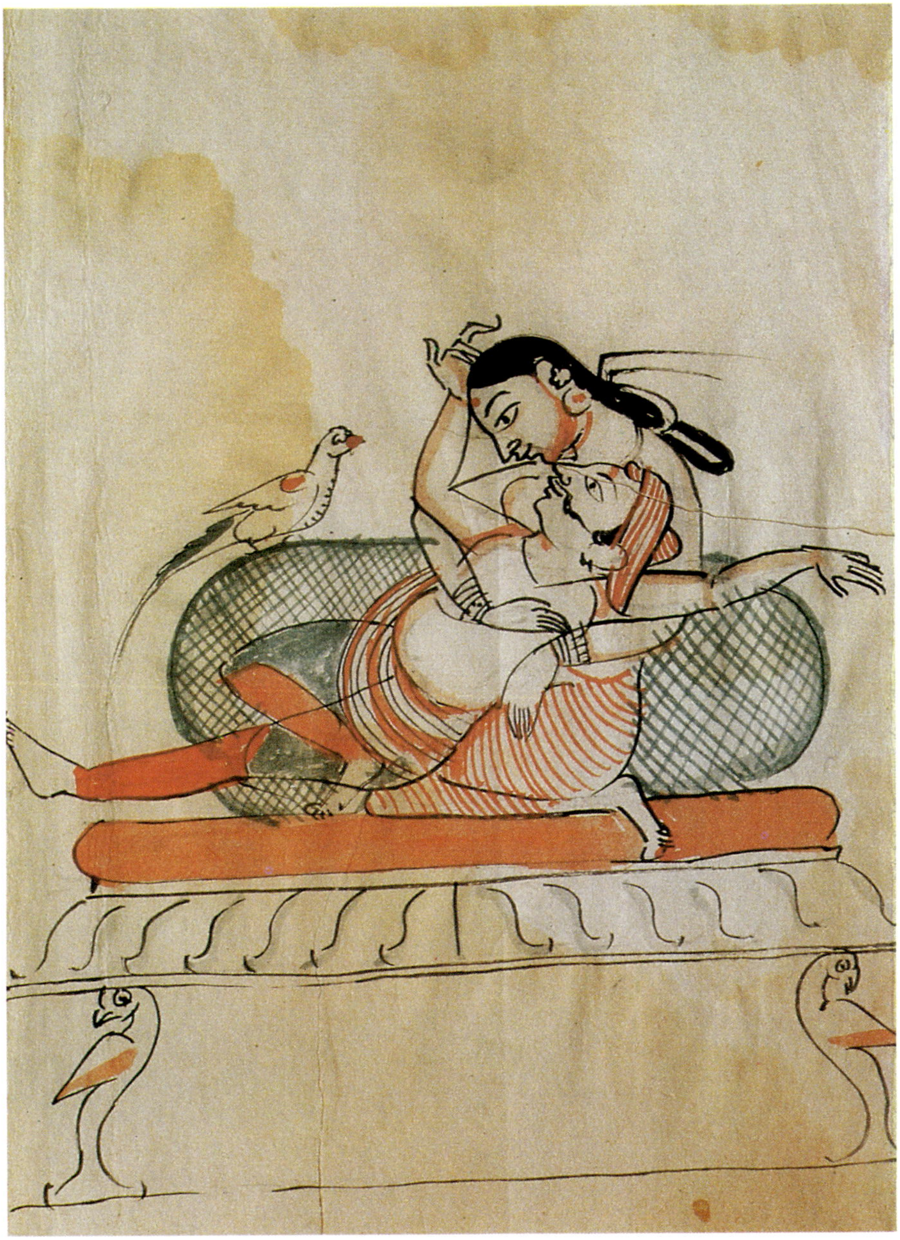

Das poetische Aquarell stellt einen Adligen dar, der in den Armen seiner Schönen ruht, die das mit einem reich verzierten Kissen ausgestattete Bett mit ihm teilt. Der Papagei auf dem Kissen ist das Symbol der Verführerin Mohini. Das Flüssige und Ungezwungene von Linienführung und Farbe ist Ausdruck technischer Meisterschaft.

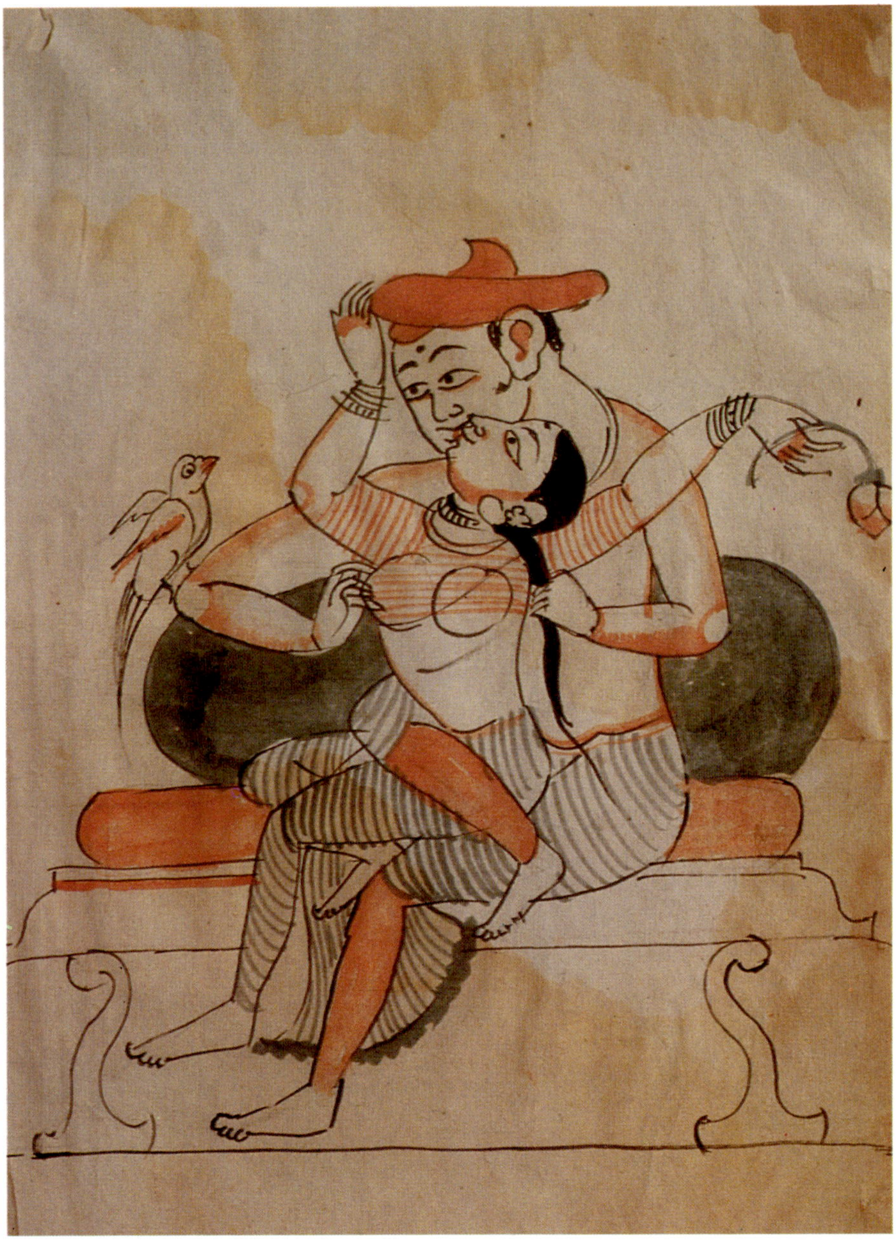

Ein adliges Paar sitzt eng umschlungen auf dem Liebeslager, in ihrer Nähe ein Papagei. Die Frau hat eine Lotosknospe, das Symbol spiritueller Leidenschaft, in der Hand und blickt ihren Partner liebevoll an, der ihre Brust liebkost. Die flüssig gemalte Komposition bringt die fröhliche Stimmung gut zum Ausdruck.

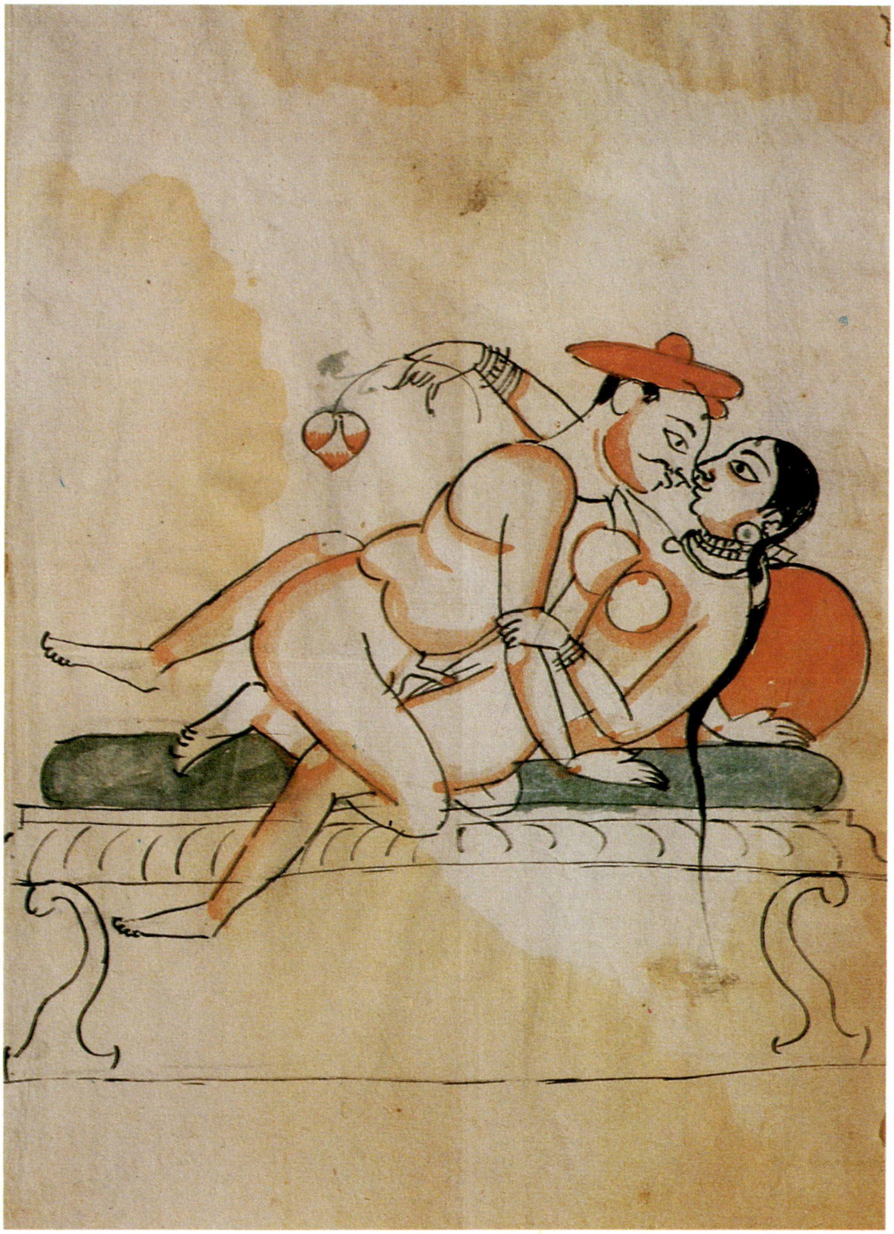

Ein Paar liebt sich auf dem Bett. Er beugt sich über seine Partnerin, läßt seinen *Lingam* in ihre *Yoni* gleiten; sie ermutigt ihn und hält eine Lotosblüte in der rechten Hand. Der freie und doch sparsame Einsatz von Farbe und Linie läßt ein einfühlsames Bild der Inbrunst entstehen.

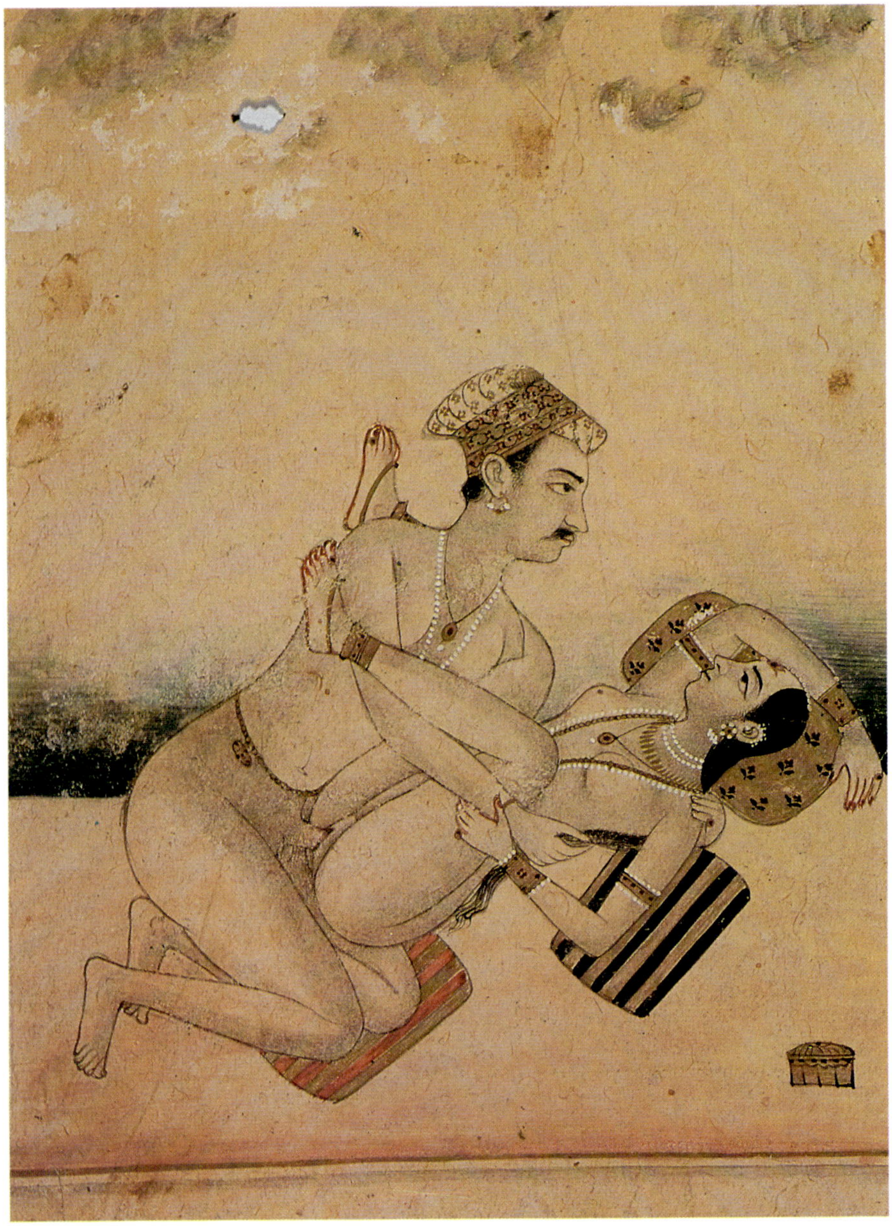

Ein vornehmes Paar ist in der ersten Phase der *Indrani Stellung* abgebildet, wie sie im *Kama Sutra* beschrieben ist. Die Frau legt sich zurück, wenn der Liebhaber in ihre *Yoni* gleitet. Im Vordergrund befindet sich eine kleine goldene Dose, in der vermutlich Betelnüsse aufbewahrt werden. Die zarten Umrisse und die hellen Farbtöne schaffen eine Atmosphäre vornehmer Zurückhaltung.

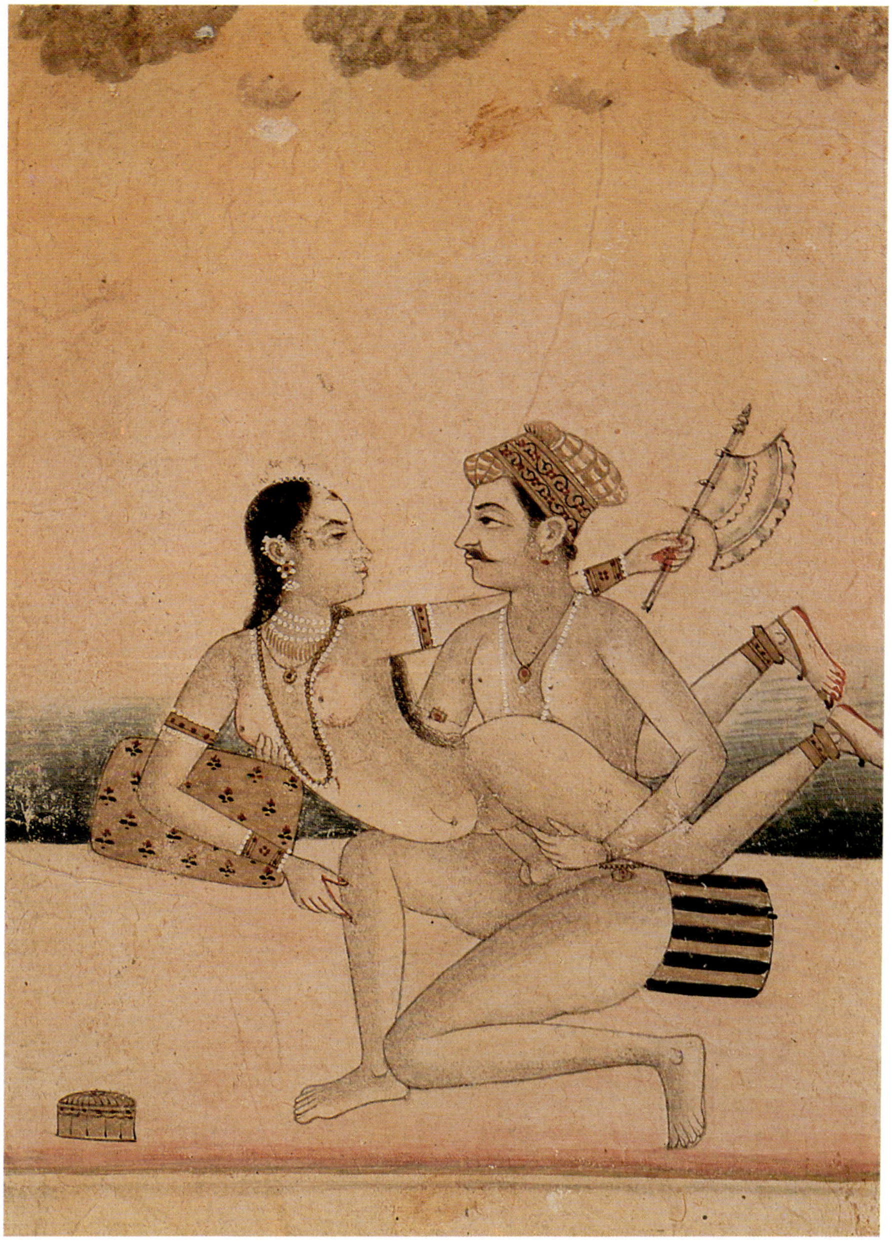

Ein Adliger kniet wie vorgeschrieben und liebt seine Schöne in einer Variation der klassischen *Wende Stellung.* Die Frau dreht sich um, blickt ihn an und fächelt ihm Kühlung zu. Die zarten goldenen und roten Details schaffen einen kräftigen Kontrast zu den hellen Farbtönen der Komposition.

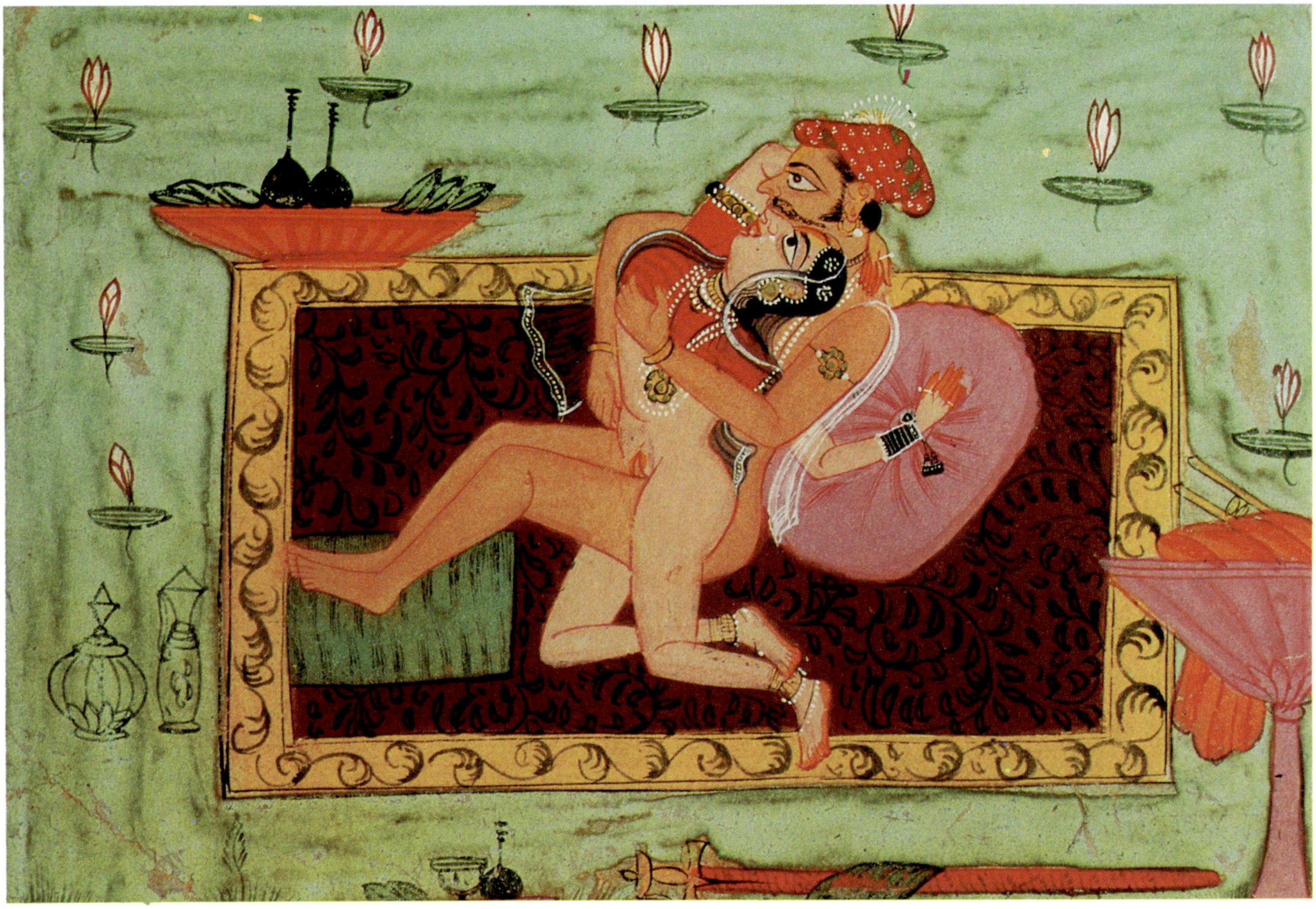

Ein adliges Paar liebt sich auf einem Teppich, der von Lotosmotiven umgeben ist. In der Nähe stehen Erfrischungen bereit. Die beiden führen die *Wechselnde Stellung* des *Mond-Elixier-Tantra* aus und lehnen sich an ein rosa Kissen. Die Pastellfarben und die einfühlsame Zeichnung der Gesichter schaffen eine mystische Stimmung.

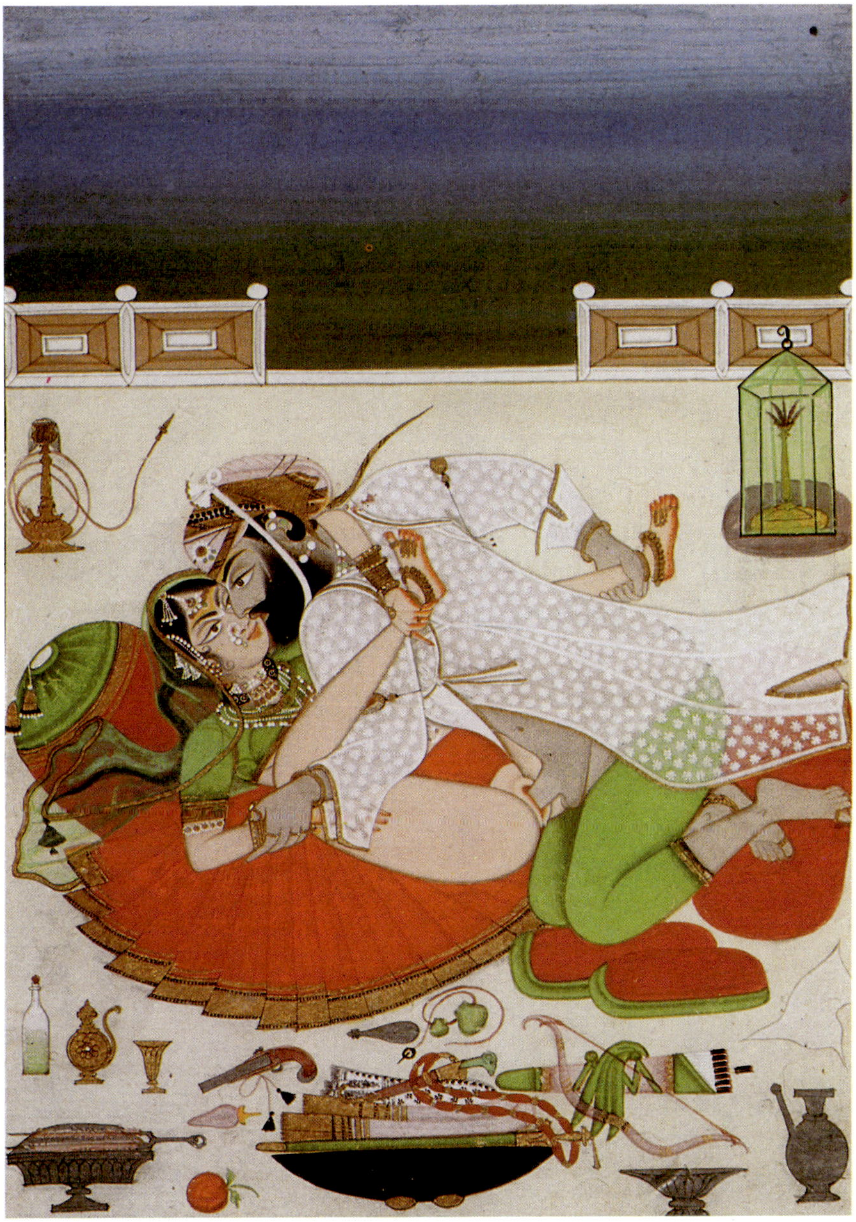

Ein hinduistischer Maharaja kniet in vollem Ornat auf einer Terrasse des Palastes und vereinigt sich mit seiner Gemahlin. Das Paar liebt sich in einer Variation der klassischen *Indrani Stellung*. Hände und Füße der Frau sind rituell mit Henna rot gefärbt. Sie liegt reich geschmückt auf Kissen; ihr zinnoberroter Rock öffnet sich wie ein Fächer und hebt sich schön vom weißen Gewand des Herrschers ab. Im Vordergrund befinden sich Waffen, rituelle Gegenstände und Erfrischungen. Hinten stehen eine Wasserpfeife und ein Vogelkäfig. Zum Horizont zu verschwimmt das Grün im Blau, wird die Natur himmlisch.

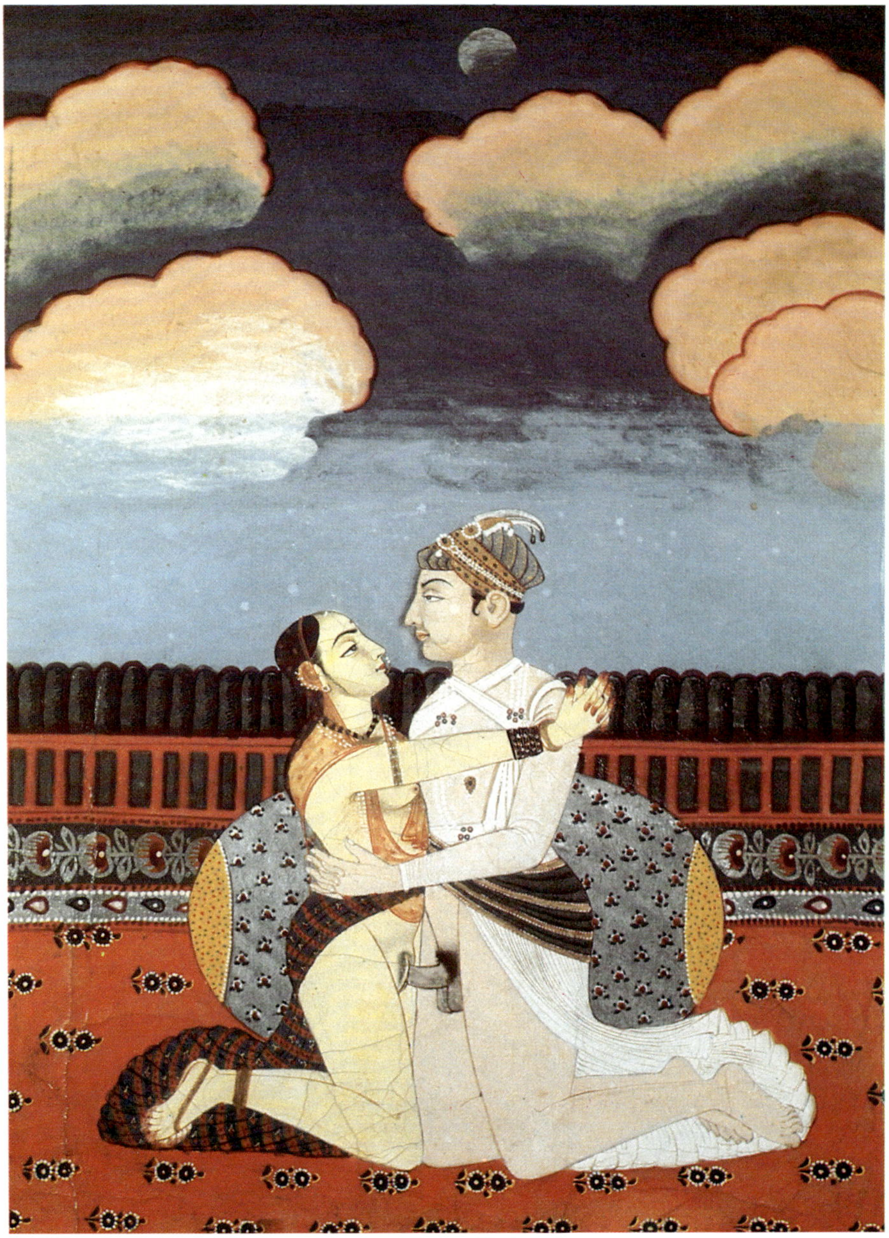

Die schöne nepalesische Malerei zeigt einen Maharaja und seine Königin, die sich zärtlich auf einem Teppich auf einer Palastterrasse lieben. Beide knien, umarmen sich und nehmen eine Variation der esoterischen *Lust Beschwörungs Stellung* des *Mond-Elixier-Tantra* ein. Das Paar wechselt liebevolle Blicke, läßt den spirituellen Kern des Gegenübers in sich ein. Ihre sanfte Stimmung spiegelt sich in den leichten rosa Wolken, die im blauen Himmel schweben. Die Haut des Maharaja zeigt ein helles Rosa, die seiner Gemahlin eine Farbe wie kostbares Elfenbein.

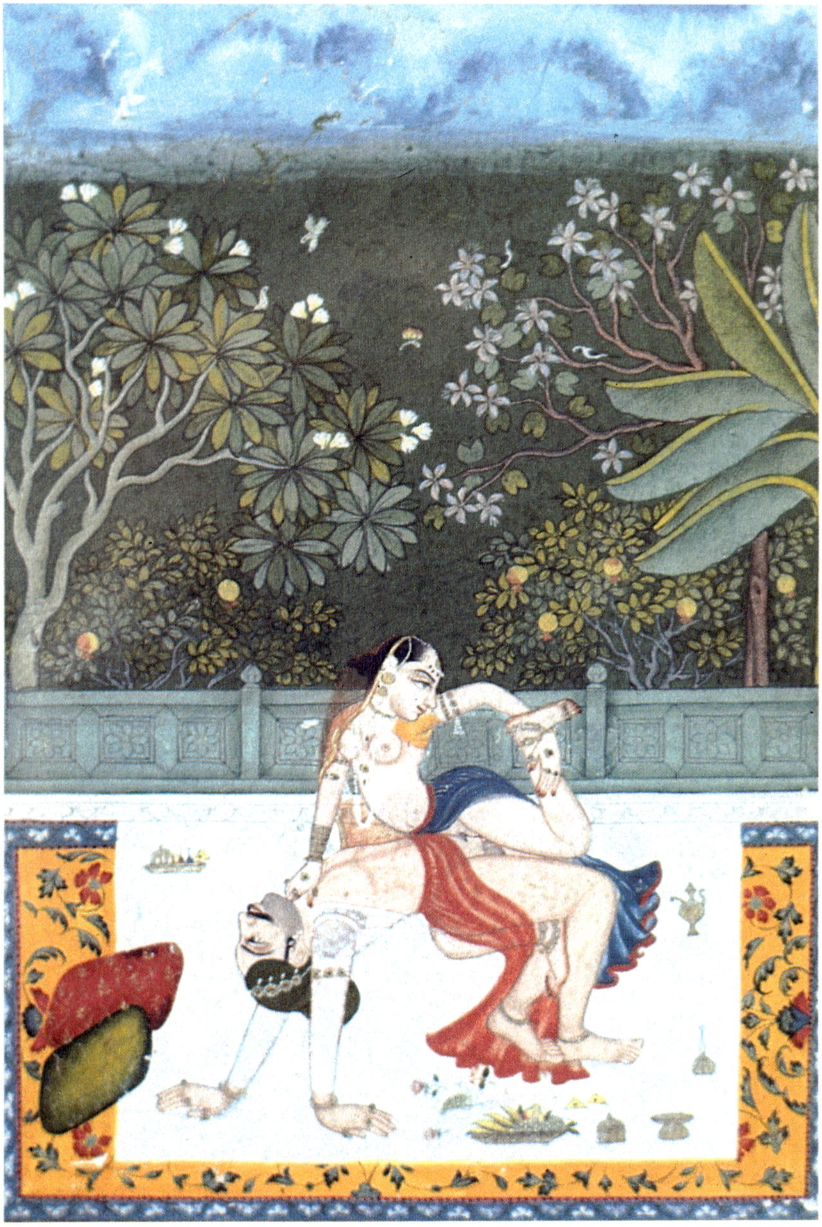

Ein adliges Paar liebt sich akrobatisch auf der Terrasse eines Palastes. Der Mann biegt den Körper wie einen Bogen, und seine Gefährtin balanciert auf ihm in der *Drehenden Oben Stellung* des *Kama Sutra.* Auf dem Teppich befinden sich Erfrischungen und rituelle Gegenstände; die Bäume des Gartens sind voller Blüten und Früchte.

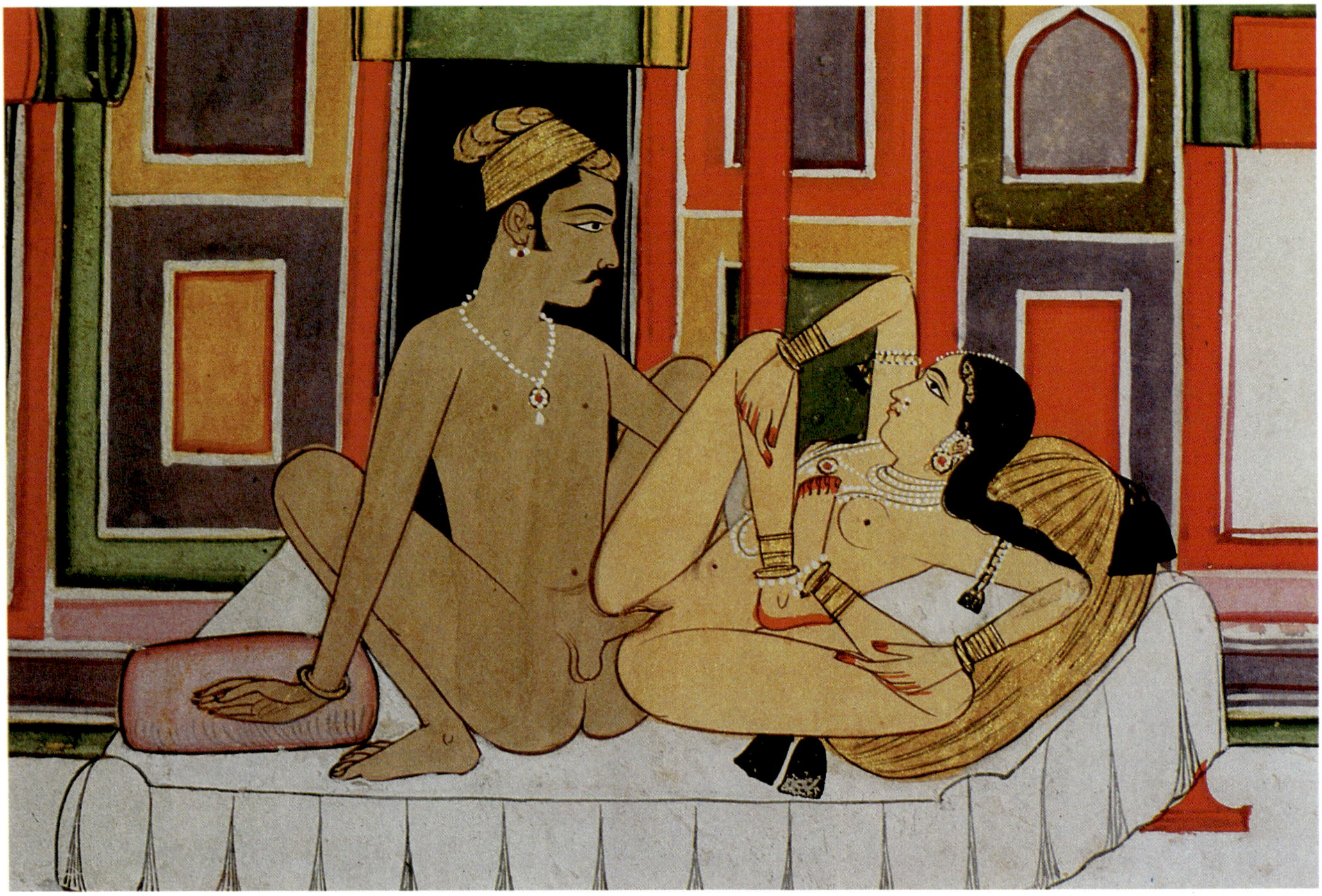

Der Ausschnitt einer Miniaturmalerei zeigt einen Adligen und seine Gefährtin, die sich auf einem weißen Bett in einem Hof des Palastes vereinigen. Sie liegt mit gekreuzten Beinen auf einem Kissen, in der *Lotosähnlichen Stellung* des *Kama Sutra.* Die leuchtend bunten, geometrischen Formen des Gebäudes schaffen einen erregenden Gegensatz zu den kräftigen Umrissen der beiden vereinten Körper.

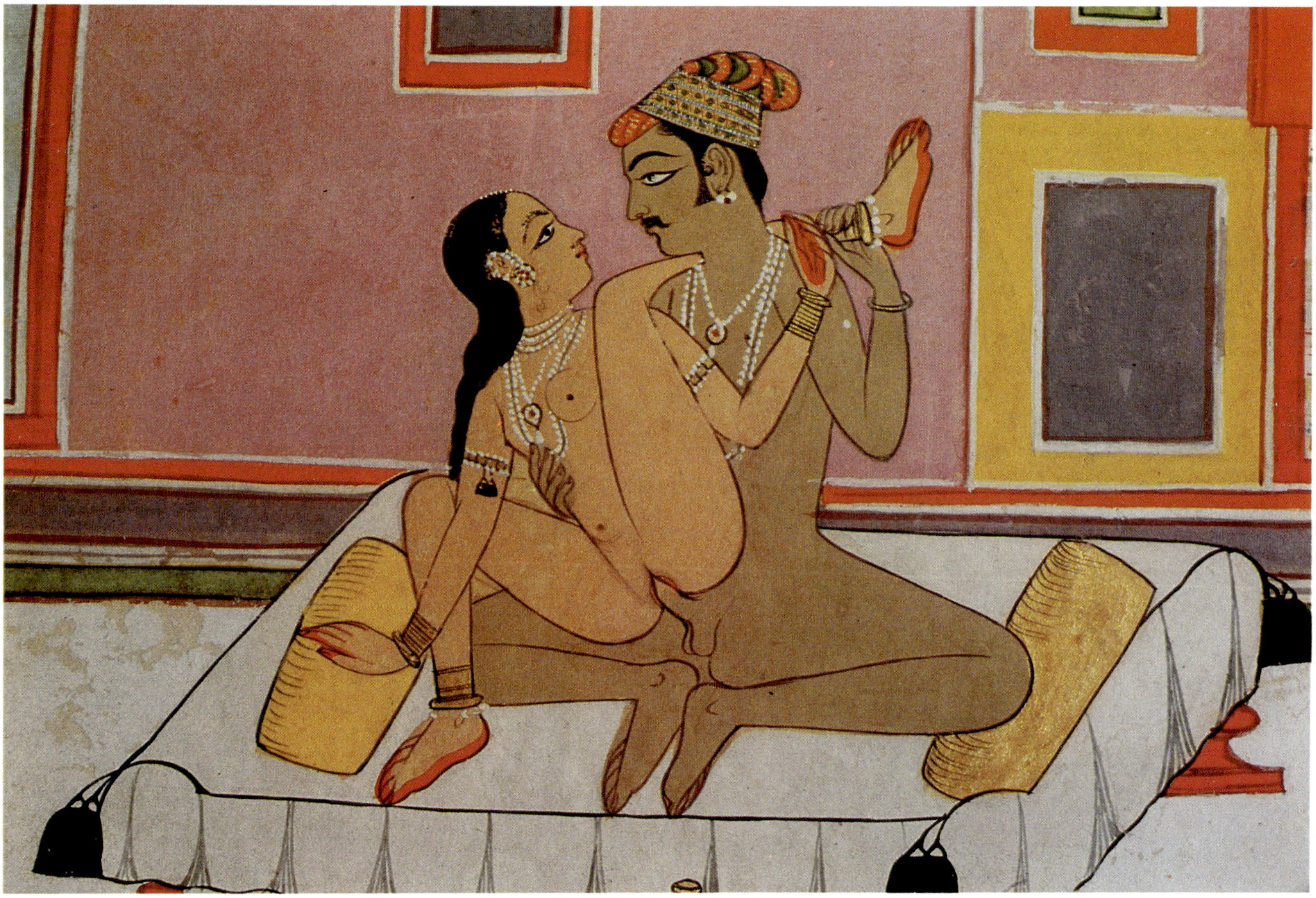

Ein weiterer Ausschnitt derselben Reihe, aus der das vorhergehende Beispiel stammt, stellt einen Adligen dar, der in einem Yogasitz auf dem Bett mit seiner schönen Partnerin vereinigt ist. Sie sitzt auf seinem *Lingam* in einer Variation der tantrischen Liebesstellung, die im *Kama Sutra* beschrieben wird und *Bambusspaltende Stellung* heißt. Die zarten Farbflächen werden geschickt eingesetzt, um eine äußerst dynamische und erotische Stimmung zu schaffen.

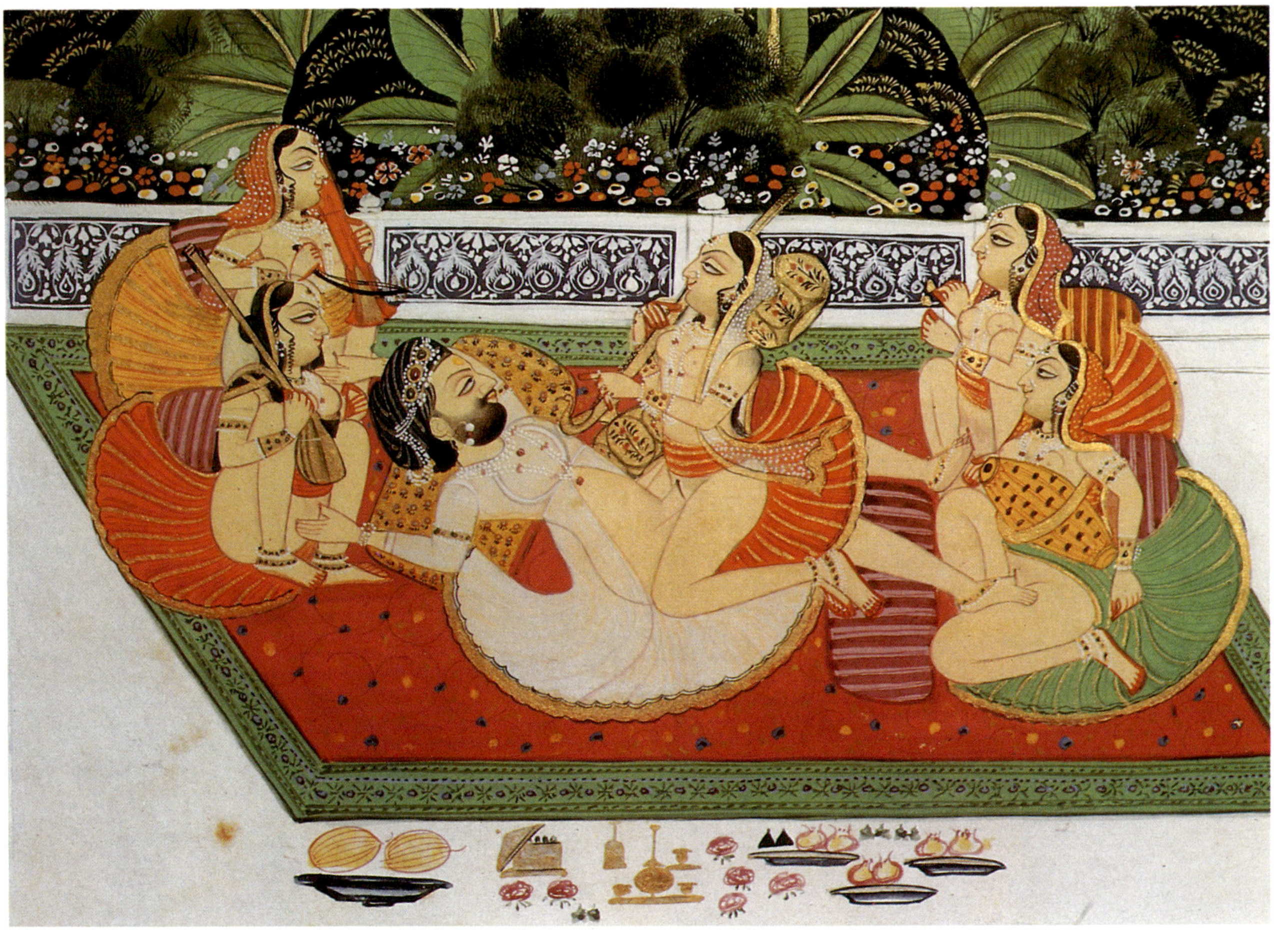

Ein prächtiger Ausschnitt einer Miniaturmalerei zeigt einen Maharaja, der sich mit fünf Gefährtinnen vereinigt. Jede Frau spielt ein Instrument, schafft eine ‹Symphonie der Liebe›, während ihr Herr mit jeder gleichzeitig in Harmonie verbunden ist. Den Vordergrund schmücken rituelle Gegenstände und Erfrischungen, und im Hintergrund fällt der Blick auf einen üppigen Garten. Ein liebliches, poetisches Gefühl erfüllt diese Szene erotischer Harmonie.

Unsere Arme haben wir zu Kissen gemacht,
Und die Beine miteinander verschlungen,
Unser Geist ist befreit von Zweifel und Scham,
Die natürlichen Triebe haben wir nicht abgekühlt,
Den Drang unserer leidenschaftlichen Sehnsucht.
Kuttni Mahatmyam

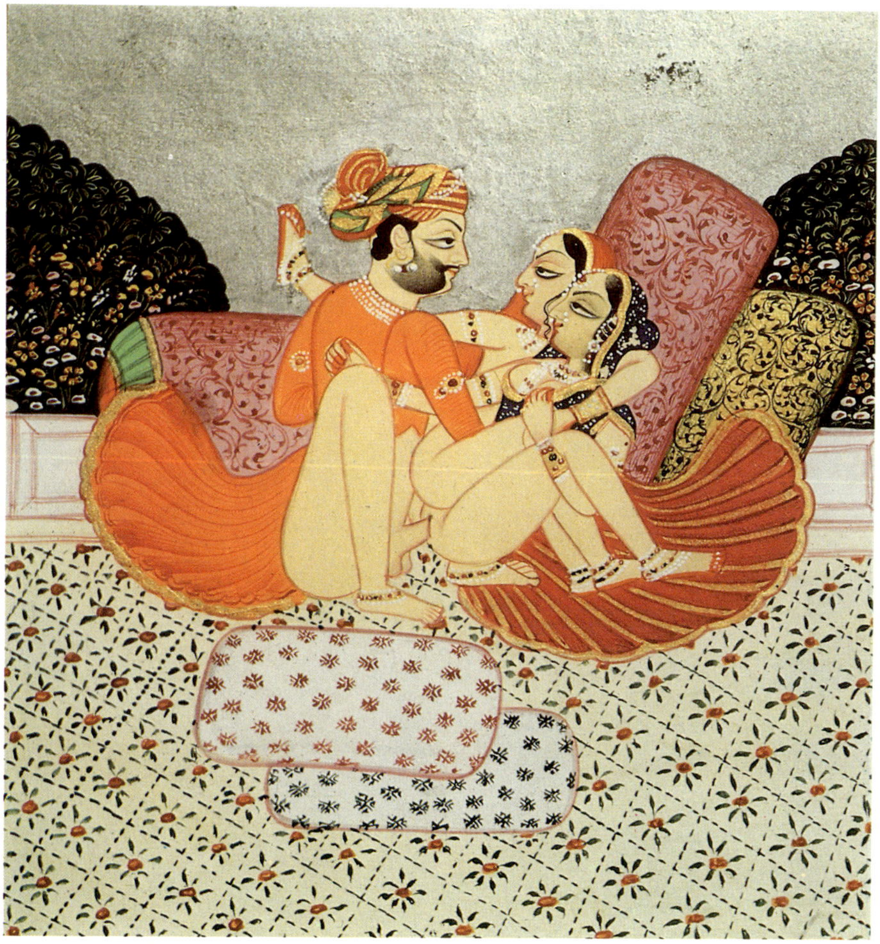

Der Ausschnitt einer prächtigen Miniaturmalerei stellt einen Maharaja dar, der sich mit zwei Gefährtinnen vereinigt. Sie stützen sich gegenseitig, während sein *Lingam* abwechselnd in ihre *Yonis* eindringt. In dieser ungewöhnlichen Variation der *Vereinigten Stellung* wenden sich beide Frauen mit erwartungsvollen Blicken dem Herrscher zu. Im Hintergrund, der sich kunstvoll vom Silber abhebt, brechen Blüten auf.

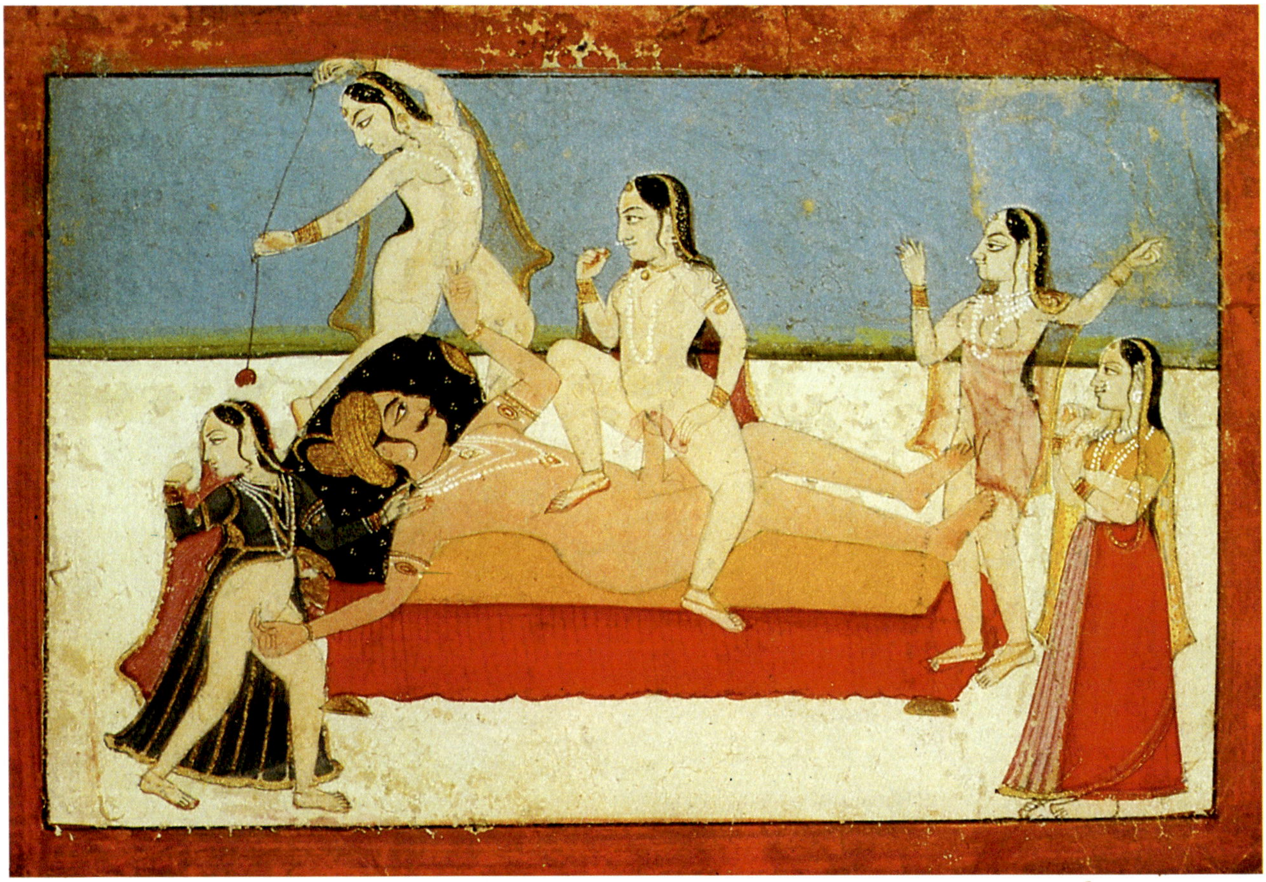

Ein Maharaja liegt auf seinem Lager und gibt sich vielfältigen Liebesgenüssen hin, die im *Kama Sutra* als *Herde der Kühe* beschrieben sind. Seine Hauptgefährtin spielt die aktive Rolle und sitzt auf dem *Lingam* ihres Herrn, während er die *Yonis* der drei anderen Damen stimuliert. Eine fünfte Frau wartet mit Blumen auf.

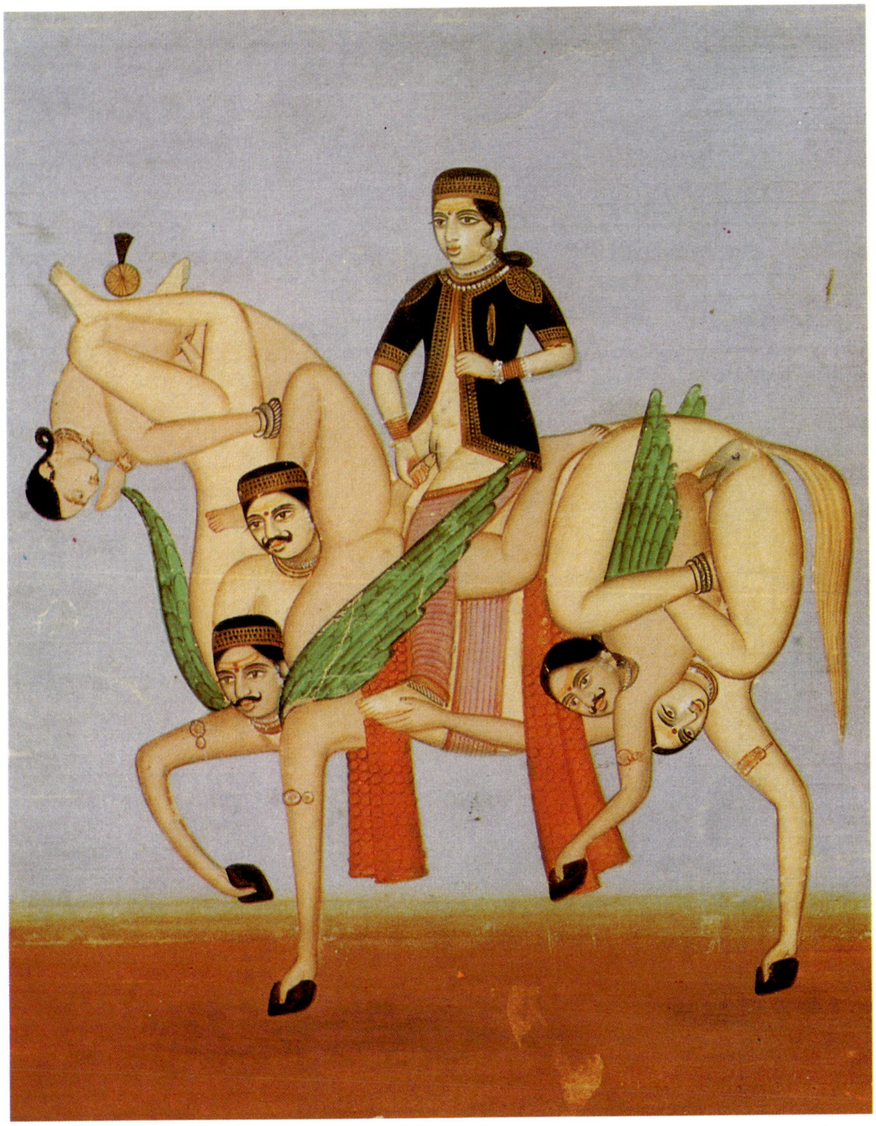

Die ungewöhnliche Miniatur zeigt eine mythologische Szene, die mit Hilfe der Kraft der Sexualität Glück anziehen soll. Das geflügelte ‹künstliche› Pferd setzt sich aus nackten, sich liebenden Paaren zusammen, die sich geschickt ineinander schlingen. In vielen Kulturen des Orients wird die Kraft der Sexualität auf einer symbolischen Ebene eingesetzt, im Glauben, mit ihrer Hilfe könne das Glück herbeigerufen werden.

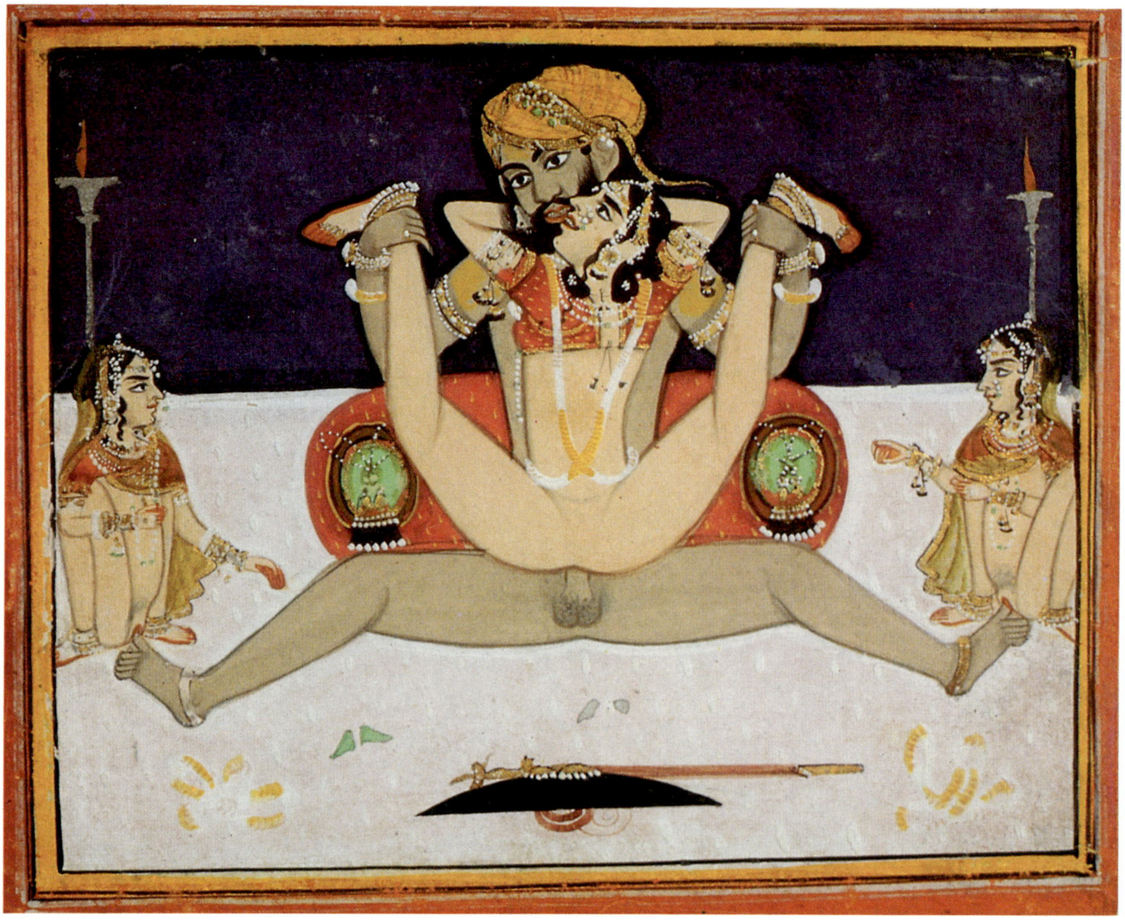

Ein hinduistischer Maharaja vereinigt sich mit seiner Hauptgefährtin und zwei Konkubinen. Schwert und Schild sind ein Hinweis, daß der Herrscher der Kriegerkaste angehört. Die beiden Leuchter über den Konkubinen zeigen, daß ein spirituelles Ritual abgebildet ist. Die Darstellung der Liebe zu mehreren kann auch als die Vereinigung der drei wichtigsten feinstofflichen Nervenkanäle der tantrischen Überlieferung gedeutet werden.

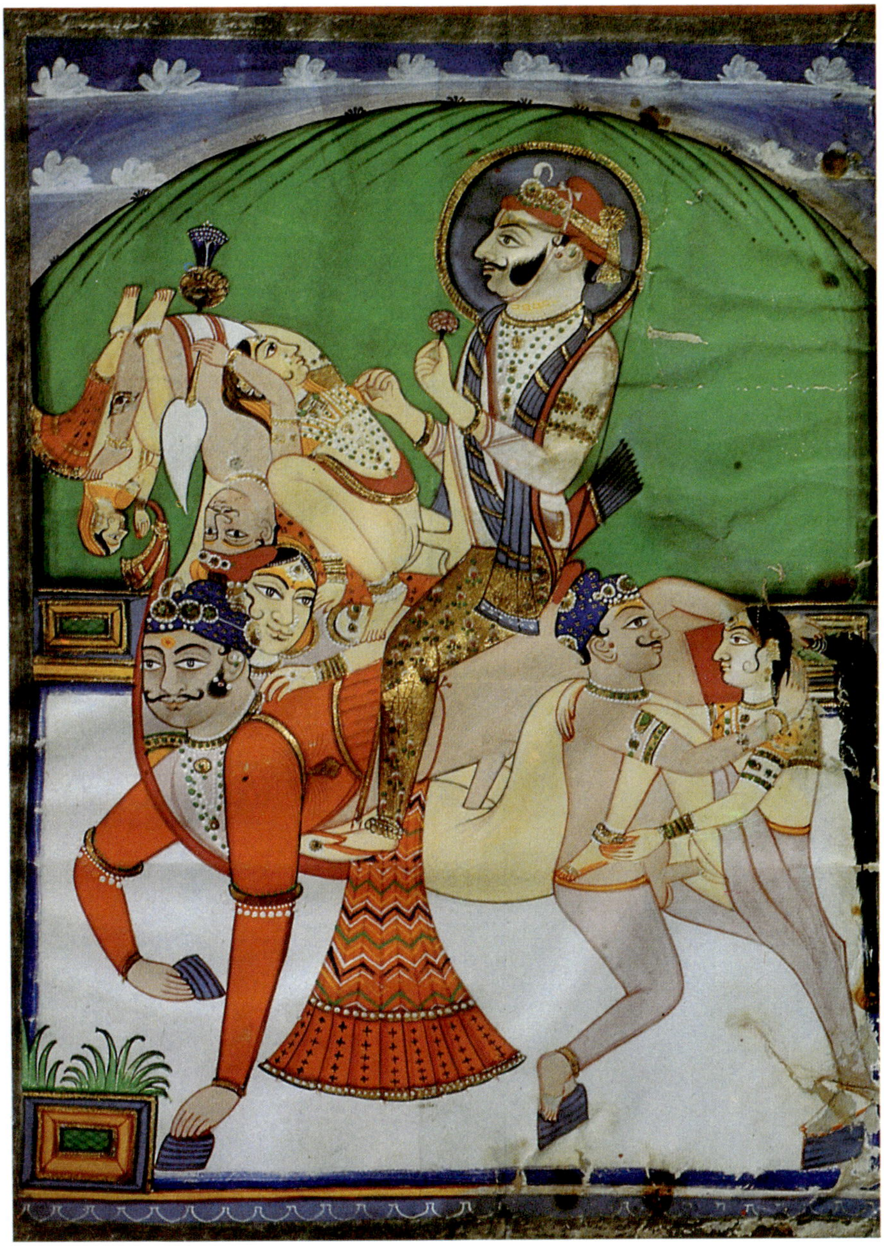

Ein hinduistischer Maharaja mit blaugoldener Aureole um den Kopf reitet auf einem ‹künstlichen› Pferd, das aus vielen nackten Paaren besteht. Mit der linken Hand hält er eine Rose, während er majestätisch durch den Hof eines Palastes trabt. Das schöne Bild wurde sicher als Talisman geschaffen, der das Glück des Herrschers schützen sollte.

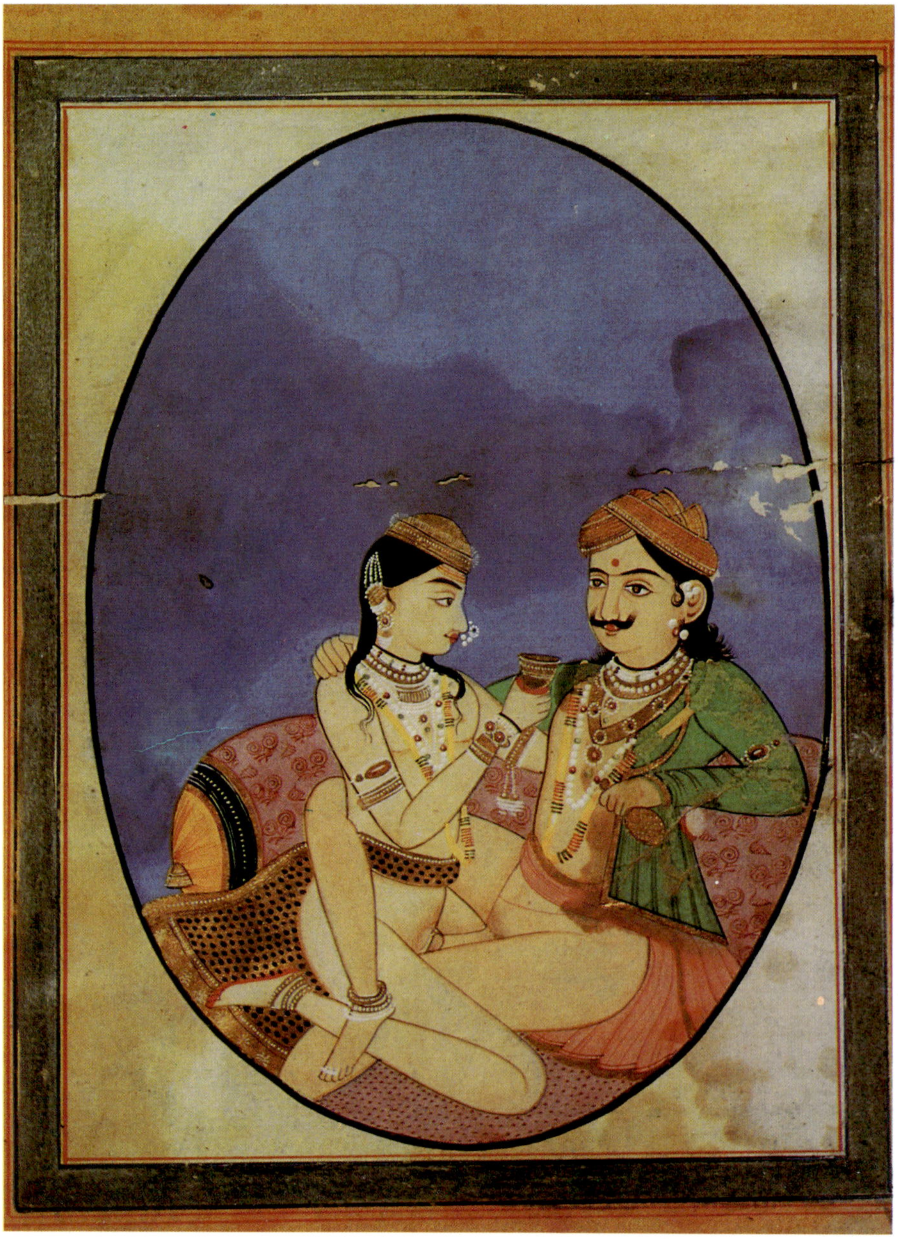

Der ovale Rahmen gibt den Blick frei auf ein adliges Liebespaar, das im Sitzen eine Variation der *Zwillings Stellung* einnimmt, wie sie im *Ananga Ranga* beschrieben ist. Der Mann lehnt sich an ein großes, rosa Kissen, und sein *Lingam* berührt nur leicht die *Yoni* seiner Gefährtin, die ihm einen Becher Wein reicht. Das weite Blau hinter ihnen verleiht der prächtigen Komposition fast etwas Himmlisches.

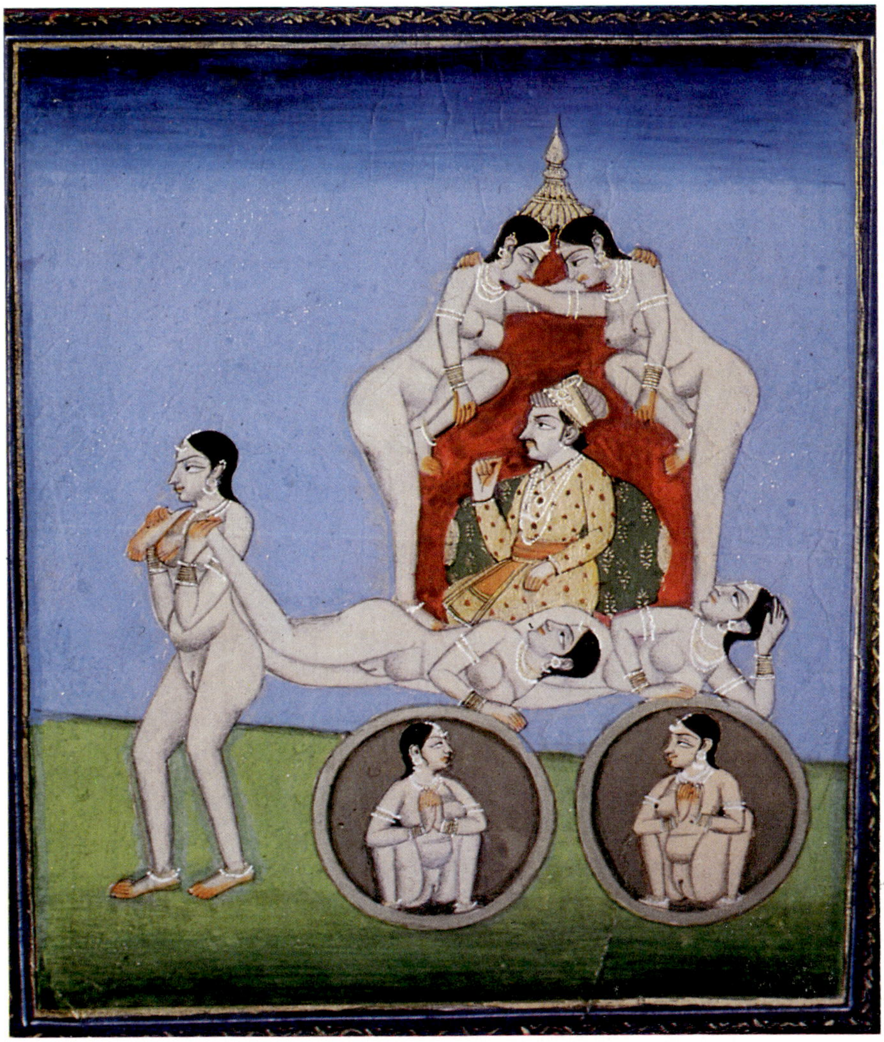

Dieses ungewöhnliche Bild zeigt einen Maharaja, der in einem Wagen thront, den sieben nackte Frauen bilden. Auf symbolischer Ebene stellt die Szene einen Herrscher in der Rolle des Sonnengottes dar, der in der traditionellen indischen Ikonographie auf einem Wagen sitzt, den sieben Pferde ziehen. Das Hell- und Dunkelblau des Hintergrunds läßt das Gold und Karminrot des Maharaja kräftig hervortreten, dessen Wagen vermutlich aus Frauen seines Harems zusammengesetzt ist.

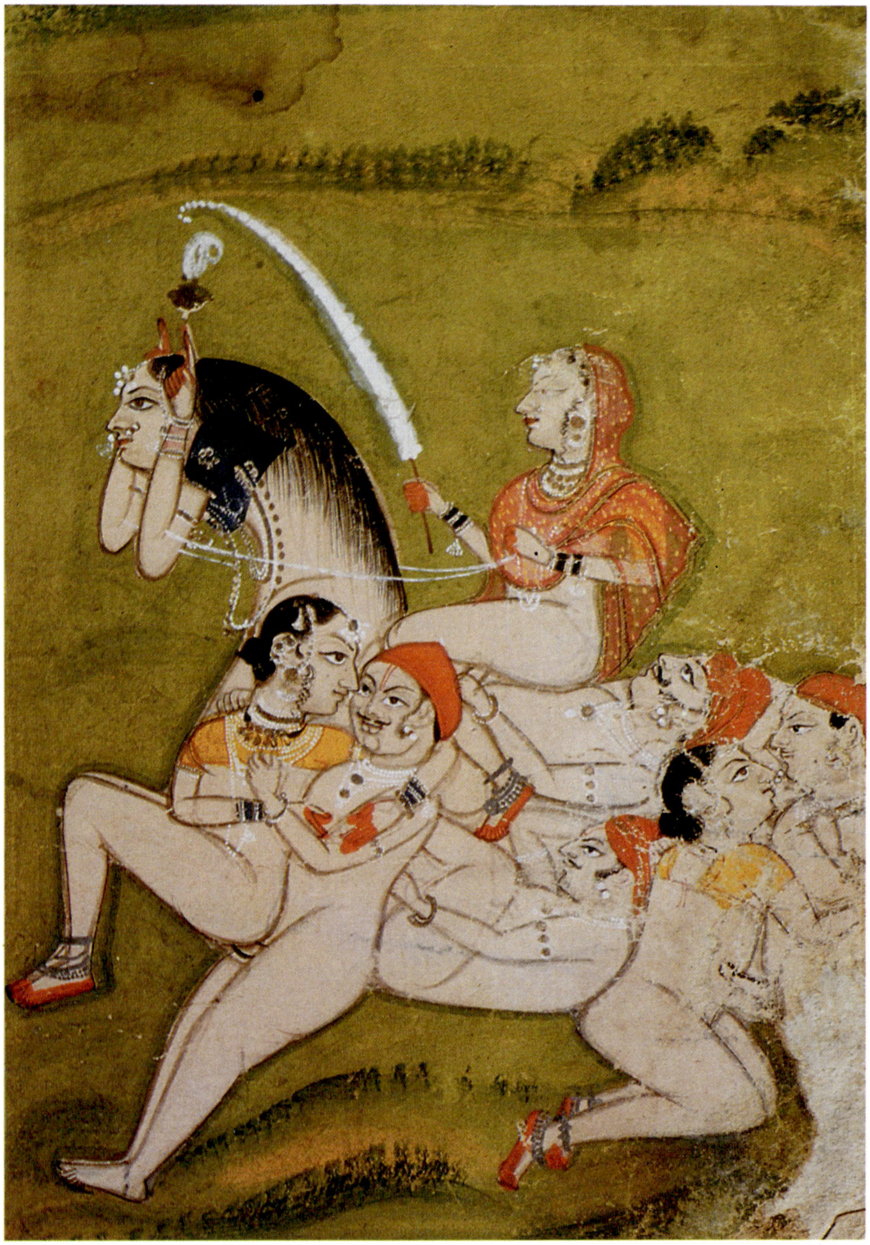

Dieses ‹künstliche› Pferd setzt sich aus einer Reihe von vereinigten Paaren zusammen. Es wird von einer hinduistischen Königin geritten, die einen Zweig Jasminblüten hält. Eine Frau hebt ihre hennaroten Finger in die Höhe, um die Illusion von Tierohren zu erzeugen. Die seltene Malerei wurde vermutlich für ein tantrisches Ritual geschaffen, das übersinnlichen Schutz gewähren sollte.

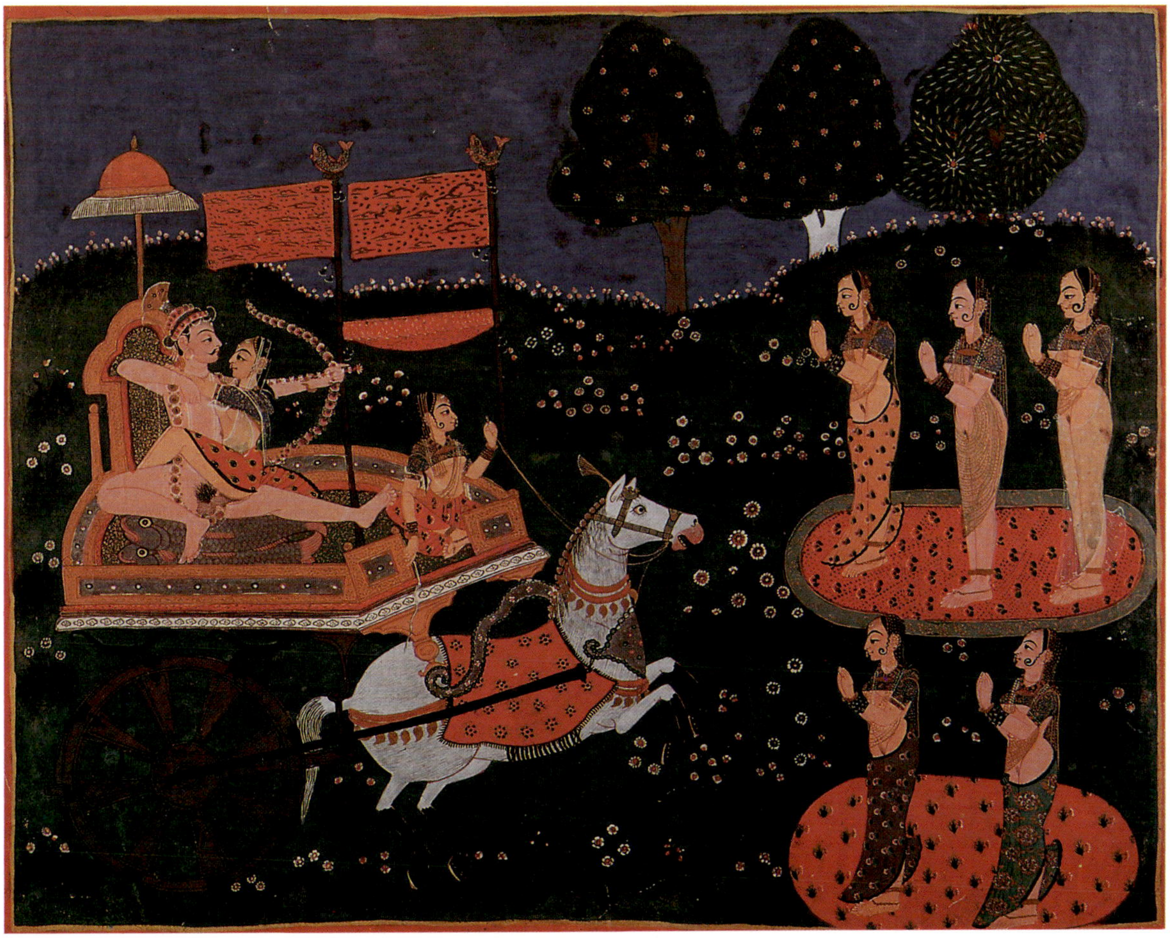

Die seltene Malerei aus Nepal zeigt einen König, der sich im Sitzen mit seiner schönen Gemahlin vereinigt. Unter ihm sind zwei Fische als Symbol der männlichen Kraft Vishnus zu erkennen, und er zielt mit einem ‹Liebespfeil› auf fünf Frauen, die ihn ehrerbietig grüßen. Die tief symbolische Szene stellt den Herrscher in seiner Rolle als Kamadeva dar, als ewig zeugungskräftigen Gott der Liebe.

Bibliographie

Anand, Mulk Raj: *Kama Kala,* Genf 1963.
Arbuthnot, F. F. und Burton, R. F.: *Ananga Ranga: Stage of the Bodiless One: The Hindu Art of Love,* New York 1964.
Dies.: *The Kama Sutra of Vatsyayana,* London 1963.
Bhattacharyya, Narendra Nath: *History of Indian Erotic Literature,* New Delhi 1975.
Bowie, Theodore und Christenson, Cornelia V. (Hrsg.): *Studies in Erotic Art,* New York 1970.
Chandra, Moti: *The World of Courtesans,* New Delhi 1973.
Comfort, Alex: *The Koka Shastra and Other Indian Writings on Love,* London 1964.
Dallapiccola, A. L.: *Princesses et Courtisanes A Travers Les Miniatures Indiennes,* Paris 1978.
Ders.: *Ragamala,* Paris 1977.
Desai, Devangara: *Erotic Sculpture of India: A Socio-Culturel Study,* New Delhi 1975.
Douglas, Nik: *The Art of Love,* Beverly Hills 1979.
Douglas, Nik und Slinger, Penny: *Das Große Buch des Tantra: Sexuelle Geheimnisse und die Alchimie der Ekstase,* Basel 1985.
Dies.: *The Pillow Book: The Erotic Sentiment and the Paintings of India, Nepal, China and Japan,* New York 1981.
Ebeling, Klaus: *Ragamala Painting,* Basel 1973.
Fouchet, Max-Pol: *The Erotic Sculpture of India,* New York 1959.
Gerhard, Poul: *Pornography or Art?,* Bishop's Stortford, England, 1971.
Gregersen, Edgar: *Sexual Practices: The Story of Human Sexuality,* London 1982.
Heeramaneck, Alice: *Masterpieces of Indian Painting,* New York 1984.
Kronhausen, Phyllis und Kronhausen, Eberhard: *The Complete Book of Erotic Art,* New York 1978.
Dies.: *Catalogue of the International Museum of Erotic Art,* San Francisco 1973.
Lal, Kanwar: *The Kult of Desire: An Interpretation of Erotic Sculpture of India,* New York 1967.
Ders.: *Kanya and the Yogi,* New Delhi 1970.
Ders.: *Erotic Sculpture of Khajuraho,* New Delhi 1970.
Mandel, G. und Ricci, F. M.: *Tantra: Rites of Love,* New York 1979.
Mathers, E. P.: *Eastern Love,* London 1951.
Meyer, Johann Jakob: *Sexual Life in Ancient India,* Varanasi 1971.
Mookerjee, Ajit: *Tantra Art,* Basel 1971.
Ders.: *Tantra Asana,* Basel 1971.
Randhawa, M. S. und Galbraith, J. K.: *Indian Painting: The Scene, Themes and Legends,* New York 1968.
Rawson, Philip: *Erotic Art of the East,* New York 1968.
Ders.: *Tantra: Catalogue of an Exhibition at the Haywood Gallery,* London 1971.
Ders.: *Tantra: Der Indische Kult der Ekstase,* München 1974.
Ders.: *Erotische Kunst aus Indien,* Dortmund 1981.
Sen, R. K.: *Aesthetic Enjoyment: Its Background in Philosophy and Medicine,* Kalkutta 1966.
Shukla, D. N.: *Hindu Canons of Iconography,* Gorakhpur 1958.
Ders.: *Royal Palace and Royal Arts,* Lucknow 1967.
Ders.: *Royal Arts,* Lucknow 1967.
Smedt, Marc de: *The Kama Sutra: Erotic Figures in Indian Art,* New York 1980.
Smith, Bradley: *Erotic Art of the Masters,* La Jolla o. J.
Thomas, P.: *Kama Kalpa: The Hindu Ritual of Love,* Bombay 1959.
Tucci, Guiseppe: *Rati Lila: An Interpretation of the Tantric Imagery of the Temples of Nepal,* Genf 1969.
Wilson, H. H.: *The Theatre of the Hindus,* Kalkutta 1955.